长江文明之旅

民俗风情篇

/科技部推荐优秀科普图书/

游艺竞技

总顾问 冯天瑜 钮新强
总主编 刘玉堂 王玉德

陈业新 编著

上海科学技术文献出版社
Shanghai Scientific and Technological Literature Press
长江出版社
CHANGJIANG PRESS

长江文明馆献辞
（代序一）

冯天瑜

无边落木萧萧下，
不尽长江滚滚来。
——杜甫《登高》

江河提供人类生活及生产不可或缺的淡水，并造就深入陆地的水路交通线，江河流域得以成为人类文明的发祥地、现代文明繁衍畅达的处所。因此，兼收自然地理、经济地理、人文地理旨趣的流域文明研究经久不衰。尼罗河、幼发拉底—底格里斯河、印度河、恒河、莱茵河、多瑙河、伏尔加河、亚马孙河、密西西比河、黄河、珠江等河流文明，竞相引起世人关注，而作为中国“母亲河”之一的长江，更以丰饶的自然秉赋、悠远深邃的文化积淀、广阔无垠的发展前景，理所当然成为江河文明研究的翘楚。历史呼唤、现实诉求，长江文明馆应运而生。她以“长江之歌 文明之旅”为主题，以水孕育人类、人类创造文明、文明融于生态为主线，紧紧围绕“走进长江”、“感知文明”和“最长江”三大核心板块，利用现代多媒体等手段，全方位展现长江流域的旖旎风光、悠久历史和璀璨文明。

干流长度居亚洲第一、世界第三的长江，地处亚热带北沿，人类文明发生线——北纬30°线横贯流域。而此纬线通过的几大人类古文明区（印度河流域、两河流域、尼罗河流域等）因副热带高压控制，多是气候干热的沙漠地带，作为文明发展基石的农业仰赖江河灌溉，故有“埃及是尼罗河赠礼”之说。然而，长江得大自然眷顾，亚洲大陆中部崛起的青藏高原和横断山脉阻挡来自太平洋季风的水汽，凝集为巫山云雨，致使这里水热资源丰富，最适宜人类生存发展，是中国乃至世界自然禀赋优越、经济文化潜能巨大的地域。

长江流域的优胜处可归结为“水”—“通”—“中”三字。

一、淡水富集

长江干流、支流纵横，水量充沛，湖泊星罗棋布，湿地广大，是地球上少有的亚热带淡水富集区，其流域蕴蓄着中国35%的淡水资源、48%的可开发水电资源。如果说石油是20世纪列国依靠的战略物资，那么，21世纪随着核能及非矿物能源（水能、风能、太阳能等）的广为开发，石油的重要性呈缓降之势，而淡水作为关乎生命存亡而又不可替代的资源，其地位进一步提升。当下的共识是：水与空气并列，是人类须臾不可缺的“第一资源”。长江的淡水优势，自古已然，于今为烈，仅以南水北调工程为例，即可见长江之水的战略意义。保护水生态、利用水资源、做好水文章，乃长江文明的一个绝大题目。

二、水运通衢

在水陆空三种运输系统中，水运成本最为低廉且载量巨大。而长江的水运交通发达，其干支流通航里程达6.5万千米，占全国内河通航里程的52.5%，是连接中国东中西部的“黄金水道”，其干线航道年货运量已逾十亿吨，超过以水运发达著称的莱茵河和密西西比河，稳居世界第一位。长江中游的武汉古称“九省通衢”，即是依凭横贯东西的长江干流和南来之湖湘、北来之汉水、东来之鄱赣造就的航运网，成为川、黔、陕、豫、鄂、湘、赣、皖、苏等省份的物流中心，当代更雄风振起，营造水陆空几纵几横交通枢纽和现代信息汇集区。

三、文明中心

如果说中国的自然地理中心在黄河上中游，那么经济地理、人口地理中心则在长江流域。以武汉为圆心、1000千米为半径画一圆圈，中国主要大都会及经济文化繁荣区皆在圆周近侧。居中可南北呼应、东西贯通、引领全局，近年遂有“长江经济带”发展战略的应运而兴。长江经济带覆盖中国11个省（市），包括长三角的江浙沪3省（市）、中部4省和西南4省（市）。11省（市）GDP总量超过全国的4成，且发展后劲不

可限量。

回望古史，黄河流域对中华文明的早期发育居功至伟，而长江流域依凭巨大潜力，自晚周疾起直追，巴蜀文化、荆楚文化、吴越文化与北方之齐鲁文化、三晋文化、秦羌文化并耀千秋。龙凤齐舞、国风—离骚对称、孔孟—老庄竞存，共同构建二元耦合的中华文化。中唐以降，经济文化重心南移，长江迎来领跑千年的辉煌。近代以来，面对“数千年未有之大变局”，长江担当起中国工业文明的先导、改革开放的先锋。未来学家列举“21世纪全球十大超级城市”，依次为：印度班加罗尔、中国武汉、土耳其伊斯坦布尔、中国上海、泰国曼谷、美国丹佛、美国亚特兰大、墨西哥昆坎—图卢姆、西班牙马德里、加拿大温哥华。在可预期的全球十大超级城市中，竟有两个（武汉与上海）位于长江流域，足见长江文明世界地位之崇高、发展前景之远大。

为着了解这一切，我们步入长江文明馆，这里昭示——

一道天造地设的巨流，怎样在东亚大陆绘制兼具壮美柔美的自然风貌；

一群勤勉聪慧的先民，怎样筚路蓝缕，以启山林，开创丰厚优雅的人文历史。

（作者系长江文明馆名誉馆长、武汉大学人文社科资深教授）

一馆览长江 水利写文明
（代序二）

钮新强

“你从雪山走来，春潮是你的风采；你向东海奔去，惊涛是你的气概……”一首《长江之歌》响彻华夏，唱出中华儿女赞美长江、依恋长江的深厚情感。

深厚的情感根植于对长江的热爱。翻阅长江，她横贯神州6300千米，蕴藏了全国1/3的水资源、3/5的水能资源，流域人口和生产总值均超过全国的40%；她冬寒夏热，四季分明，沿神奇的北纬30°延伸，形成了巨大的动植物基因库，蕴育了发达的农业，鱼儿欢腾粮满仓的盛景处处可现；她有上海、武汉、重庆、成都等国之重镇，现代人类文明聚集地如颗颗明珠撒于长江之滨；她有神奇九寨、长江三峡、神农架等旅游胜地，多少享誉世界的瑰丽美景纳入其中；她令李白、范仲淹、苏轼等无数文人墨客浮想联翩，写下无数赞美的词赋，留下千古诗情。

长江两岸中华儿女繁衍生息几千年，勤劳、勇敢、智慧，用双手创造了令世人瞩目的巴蜀文明、楚文明及吴越文明。这些文明如浩浩荡荡的长江之水，生生不息，成为中华文明重要组成部分。

人类认识和开发利用长江的历史，就是一部兴利除弊的发展史，也是长江文明得以丰富与传承的重要基石。据史料记载，自汉代到清代的2100年间，长江平均不到十年就有一次洪水大泛滥，历代的兴衰同水的涨落息息相关。治国先必治水，成为先祖留给我们的古训。

为抵御岷江洪患，李冰父子筑都江堰，工程与自然的和谐统一，成就了千年不朽，成都平原从此“水旱从人、不知饥馑”,天府之国人人神往。

一条京杭大运河，让两岸世世代代的子孙受惠千年。今天，部分河段化身为南水北调东线调水的主要通道，再添新活力，大运河成为连接古今的南北大命脉。

新中国成立以后，百废待兴，党和政府把治水作为治国之大计，长江的治理开发迎来崭新的时代。万里长江，险在荆

江。1953年完建的荆江分洪工程三次开闸分洪，抗击1954年大洪水，确保了荆江大堤及两岸人民安全。面对'54洪魔带来的巨大创伤，长江水利人开启长江流域综合规划，与时俱进，历经3轮大编绘，使之成为指导长江治理开发的纲领性文件。

“南方水多，北方水少，能不能从南方借点水给北方？”毛泽东半个多世纪前的伟大构想，是一个多么漫长的期盼与等待呀。南水北调的蓝图，在几代长江水利人无悔选择、默默坚守、创新创造中终于梦想成真，清澈甘甜的长江水在“人造天河”里欢悦北去，源源不断地流向广袤、干渴的华北平原，流向首都北京，流向无数北方人的灵魂里。

新中国成立以来，从长江水利人手中，长江流域诞生了新中国第一座大型水利工程——丹江口水利枢纽工程、万里长江第一坝——葛洲坝工程、世界最大的水利枢纽——三峡工程。与此同时，沉睡万年的大小江河也被一条条唤醒，以清江水布垭、隔河岩等为代表的水利工程星罗棋布，嵌珠镶玉。这是多么艰巨而充满挑战、闪烁智慧的治水历程!也只有在这条巨川之上，才能演绎出如此壮阔的治水奇观，孕育出如此辉煌的水利文明，为古老的长江文明注入新的动力!

当前，长江经济带战略、京津冀协同发展战略及一带一路建设正加推提速，长江因其特殊的地理位置与优质的资源禀赋与三大战略（建设）息息相关，长江流域能否健康发展关系着三大战略（建设）的成败。因此，长江承载的不仅是流域内的百姓富强梦，更是中华民族的伟大复兴梦。长江无愧于中华民族母亲河的称号，她的未来价值无限，魅力永恒。

武汉把长江文明馆落户于第十届园博会园区的核心区，塑造成为园博会的文化制高点和园博园的精神内核，这寄托着武汉对长江的无比敬重与无限珍爱。可以想象，长江文明馆开放之时，来自五湖四海的人们定将发出无比的惊叹：一座长江文明馆，半部中国文明史。

（作者系长江文明馆名誉馆长，中国工程院院士、长江勘测规划设计研究院院长）

前　言

游艺与竞技作为我国传统民间文化的一元素，以其形式多样、内容丰富、娱心健身诸多特点而深受广大百姓喜好：捉迷藏、猜灯谜、斗禽虫、荡秋千、放风筝、舞狮、拔河、赛马等，人们常以饱满的激情、浓厚的兴趣，参与各类游艺、竞技活动，乐此不疲。

对于各项具体游艺、竞技活动，大家无比熟稔；然而，若要给“游艺”和“竞技”下个定义，似乎不是一件十分容易的事。关于这一点，东汉应劭在其著《风俗通义·序》中曾有过类似的表述：

> “昔，客为齐王画者。王问：‘画孰最难，孰最易？’曰：‘犬马最难，鬼魅最易。犬马旦暮在人之前，不类不可，类之故难；鬼魅无形，无形者不见，不见故易。今俗语虽云浮浅，然贤愚所共咨论，有似犬马，其为难矣。’”

这就是说，某些东西，由于是人们日常生产、生活中经常遇见或为之，对之十分熟悉，可将它们准确地描述或讲出来，并非那么容易的事。因此，应劭说自己在《风俗通义》中所云虽“贤愚所共咨论”，但仍脱不了“浮浅”，感喟“有似犬马，其为难矣”！难虽难，终归要有人去做，从事民俗学研究的专家、学者还是对“游艺”与“竞技”下了一些定义。

何为“游艺”？从词源上看，“游艺”源于《论语·述而》“游于艺”一语。但这里的“艺”，是指“六艺”，也就是礼、乐、御、射、书、数。“游于艺”指的是置身于“六艺”之中，与今天“娱乐”意义上的“游艺”大为不同。只是到了近代，“游艺”才发展出“游乐艺术”的意思。因此，近代学者杨荫深在其《中国游艺研究》一书中，把“游艺”解释为“就是游戏的艺术”。民俗学专家乌丙安于《中国民俗学》一书中进一步指出：“凡是民间传统的文化娱乐活动，不论是口头语言表演的，还是动作表演的、或用综合的艺术手段表演的活动，都是游艺民俗。当然，游戏、竞技也不例外。”然而，杨著所说的“游艺”，不是本书所及之严格意义上的“游艺”概念和范畴，愚以为姑且称之为“曲艺”似更为准确或恰当些。乌先生所言的“游戏”，则为本书将要探述的“游艺”，也就是乌丙安在上引著作中所强调的：“民间游戏是指流传于广大人民生活中的嬉戏娱乐活动，俗语称‘玩耍’。游戏是游艺民俗中最常见的、最普遍的、最有趣味的娱乐活动。它主要流行于少年儿童中和节日里成人娱乐节目之中。有些游戏项目在发展中逐渐完备，最后形成了竞技项目或杂技艺术。”

关于游艺活动的种类或范围，乌先生将之粗分为五类：室内生活游戏、庭院活动游戏、智能游戏、助兴游戏和各类博戏。杨存田先生则更为简略，将之仅分为成人游戏、儿童游戏两大类。而郭泮溪先生的划分则较为细致，他在《中国民间游戏与竞技》一书中，把游艺划为九大类：儿童游戏、斗赛游戏、季节游戏、歌舞观赏游戏、杂艺游戏、智能游戏、驯化小动物游戏、助兴游戏、博戏。

诚如论者所云，中国地域广大，尽管我国文化娱乐活动丰富多彩，但每个地区是不平衡的，也不是每个人都能欣赏到的。因为民间游艺竞技活动既受各地自然地理环境、人文地理环境的制约，也受每个人所处的经济状况、社会地位和各自的文化层次掣肘，所以，不同地区、不同主体的文化娱乐活动内容、方式及数量或多或少有所不同。有鉴于此，根据长江流域游艺活动受其地域性、民族性、历史传承性等自然、社会和历史诸多因素的影响和制约的具体情状，并结合众多学者、专家对游艺种类或范围的划分，这里将长江流域的游艺活动简要地分为六大种类或范围：

第一，童戏，即在少年儿童中开展的游戏。根据活动方式的不同，儿童游戏又分为捕捉之娱、拍打之乐和玩跑之趣三类。无论是从游戏的活动方式来看，还是从其内容及性质来说，儿童游戏都与成人游戏相异。

第二，益智赛巧游戏，即以训练、开发人们的智力、技能为目的，运用人们的智力及技能为手段而开展的游戏。它主要由三类游戏项目构成，即射谜、博戏和斗戏。它们无论是在游戏的目的方面，还是在游戏的手段上，都与“智”和“巧”或“能”，也就是和智力及技能等有密切的关系。

第三，歌舞游戏，即表演和观赏各种歌舞的娱乐活动。由于这类活动所进行的场所、时节或方式的不同，可将其粗分为劳动歌舞、时节歌舞和祭祀歌舞三小类。

第四，娱神游戏，即以迎神、敬神和娱神为目的而开展的各种娱乐活动，神人同乐。它具体包括迎神赛会、傩戏和敬神社戏等。

第五，杂戏，即以展现某些技艺而娱乐的游戏活动，它与音乐歌舞、体育竞技、游戏等娱乐项目有相似、相通之处，但又自具特点；既有表演性，又有娱乐性。所以，可将杂戏分为表演性杂戏、竞技性杂戏和助兴杂戏等。

第六，时节游戏，即根据不同的季节而开展的不同游戏活动。长江流域不同地区和不同民族，都有自己的时节游艺，本书介绍的仅为主要的、基本的游艺活动：燃爆竹、玩花灯、耍火把、泼水、乞巧和登高等。

何为“竞技”？“竞”，比赛、角逐；“技”，技能、技巧或技艺。民间竞技活动指的是在民间开展的各种形式的体育、技巧比赛活动。

竞技活动在我国民间具有悠久的历史，早期竞技活动，与生产、军事征伐活动相联系。远在旧石器时代的原始狩猎活动中，就有了竞技活动。据《述异记》记载，传说中的蚩尤兄弟和轩辕打仗时，“蚩尤氏耳鬓如剑戟，头有角，与轩辕斗。以角抵人，人不能向。”这项运动被后世用于军事演习的同时，也成为民间的竞技娱乐项目。其后，随着生产发展、社会进步，竞技活动项目日渐增多，从而丰富了民间竞技项目，使民间竞技活动呈现出丰富多彩、色彩斑斓和多姿多态的景象。

竞技活动有哪几类？杨存田先生在《中国风俗概观》一书中将之分为以下几类：赛力竞技（如摔跤、拔河等），赛技巧竞技（如荡秋千等），赛技艺竞技（如围棋、象棋等）和以观赏为主的杂耍、禽戏、兽戏等杂艺，以及自我娱乐的各种游戏；乌丙安先生于其《中国民俗学》中，将之分为赛力竞技、赛技巧竞技和赛技艺竞技三大类。二者比较而言，笔者赞同乌先生的分法，因为前者的“杂艺”和“自我娱乐的各种游戏”，严格地说属于民间游艺的范围。因此，这里依从乌先生的分法，将长江流域的竞技活动分为三大类：

第一，赛力竞技，即以比赛力量为主要内容的竞技活动，是民间竞技的常见项目。根据比赛主体数量多少的不同，本书将其分为集体竞力和个人竞力两类。前者有拔河、龙舟竞渡等项目，后者则包括角抵、摔跤、推杠和扭扁担等内容。这类竞技主要盛行于劳动者之中。

第二，赛技巧竞技，即以比赛技巧为主要内容的竞技活动。其项目在发展中比赛力竞技更为丰富多彩，技巧也包括许多方面，大致可分为单一技巧活动、综合技巧活动两大竞技种类。本部分项目主要有：赛马等赛动物技巧和荡秋千、爬竿等空中技巧赛，以及踢毽子、射箭等其他赛技巧活动。

第三，赛技艺竞技，即以比赛技艺为主要内容的竞技活动，以各种民间棋类竞赛活动为代表。因此，本书将博弈竞技列为赛技艺竞技的重要内容；除此之外，还对武术、击壤等多种赛技艺竞技项目也分别予以介绍。

长江流域的竞技活动大体上分为以上三类，当然，还有一些竞技项目介于三者之间，或为三者的复合项目，甚至是竞技项目与游艺项目的复合项目，充分展示了长江流域游艺与竞技活动的多姿多彩性。

目 录

童　戏

儿童天性就是对见闻事物充满好奇，并用模仿术将之表达或表演出来，从而诞生了许许多多生动活泼的儿童游艺活动——童戏。童戏源于生活，具有情节性、趣味性；童戏传承于历史，具有文化性；童戏对锻炼孩童心智、促进其身心康健等皆有裨益。

捕捉之娱

(一)方丈之间捉迷藏

捉迷藏，又有躲猫猫等俗称。捉迷藏游戏在我国有着悠久的历史，广泛地流行于大江南北。元人伊世珍在《琅缳记》卷中引《致虚阁杂俎》：

> “玄宗与玉真恒于皎月之下，以锦帕裹目，在方丈之间互相捉戏。玉真捉上每易，而玉真轻捷，上每失之，满宫之人抚掌大笑。一夕，玉真于桂服袖上多结流苏、香囊与上戏，上屡捉屡失，玉真故与香囊惹之，上得香囊无数，已而笑曰：‘我比贵妃更胜也。’谓之捉迷藏。”

这是成人间的捉迷藏，其滥觞可能不止于唐代。其游戏方法是用锦帕把眼睛包裹起来，然后互相捉摸，其活动范围也较为狭小，或仅限于“方丈”(即一丈见方）之间，游戏时间是在夜晚月明星稀之时。在唐代诗人元稹《杂忆诗》中，也对一对男女在晚间捉迷藏的场景进行了描写：

> “寒轻夜浅绕回廊，不辨花丛暗辨香。忆得双文笼月下，小楼前后捉迷藏。”

可见，捉迷藏游戏在唐代极为普遍与常见。然而，儿童捉迷藏游戏又具体发端于什么时候呢？史籍对此有无明确、翔实的记载尚不清楚，但一则有关司马光的传说多少可以说明一点问题。

「小儿击瓮图」

传说宋代大学者、政治家司马光在小的时候，一天与几个小朋友在一起玩捉迷藏的游戏。院子里有一口大水缸，缸内蓄满了水，其中一位小伙伴游戏时攀上缸沿，不慎掉进缸内，被水淹没。其他孩子一看到这种情形，都被吓得纷纷逃开。这时，惟有司马光没有跑，他向四周看了看，情急之下搬起院子里的一块大石头，用尽力气向水缸砸去，水缸被打破，缸内的水流淌满地，失足落水的儿童因此而获救。这就是民间流传极广的“司马光砸缸”的故事。从此以后，司马光的“破缸救儿”之事与文彦博的“灌水取球”之事一起，成为千古美谈，还有人根据这一传说绘制一幅《小儿击瓮图》，成为童蒙课本的经典篇目。

由这个妇孺皆知的故事不难推测，捉迷藏游戏在我国的流行时间至少有千余年之久。从《致虚阁杂俎》的记载与关于司马光的传说来看，儿童捉迷藏在游戏人数、时间及方法上，与成人捉迷藏均有所不同；儿童捉迷藏人数不限于二人，且白天亦可进行，游戏时也未必要以物裹目。

捉迷藏的游戏在不同地区有不同的名称和不同的游戏方法，纵然在同一地区，由于所处环境与条件(如城市与乡村)的不同，其名谓和规则也有所区别，如在安徽西部与南部等许多地方，就把捉迷藏叫“藏猫”；而在皖北、苏北的一些地方，则称之为“藏没”。

关于捉迷藏的具体方式，下面就以皖西、皖南等地区的“藏猫”为例，对之加以简要的介绍。

游戏前，先要进行必要的准备工作，即“分班”，也就是角色分派，决定哪些人是捉者，哪些人是藏者。分班方法的名称，当地称之为“呵猥”（即黑白配），其目的分出较多的人为藏者：众儿童把右手藏在背后，然后大家一起高叫“呵猥”，同时伸出右手，以手心或手背为分班标准，相同者为一班，但必须当伸出手心或手背者为两人时，分班才算成功。两人为一班者再进行分工，一人充当捉者，一人为监督者，但都属于捉者一方，其余的儿童为藏者。

「捉迷藏雕塑」

分工完毕后，监督者用双手或他物将捉者双眼捂住，并尽量将其双耳也堵塞严实，以免捉者看到或听到藏者藏身之处或藏时说话与走动的声音，更不允许捉者在藏者尚未藏好之时过早地去捉藏者，否则，就判捉者犯规，将多罚一次充当捉者。待藏者躲藏一会儿后，监督者高声大问："藏好了没有？"若是没有回答的声音，说明所有的藏者都躲藏安妥，这时，监督者就会放开捉者，任其捕捉藏者；但若有小朋友还没有藏妥，在他听到监督者的喊问后，便会大声回答："还没藏好，再等一会儿！"那么，监督者这时仍然严实地捂堵住捉者的眼、耳不松手，直到最后一个藏者藏妥，捉者才能去捕捉。但在众儿童尚未分出谁捉、谁藏时，须首先一起商定以某一空间范围为藏躲的地带，在此以外的区域躲藏者，就是犯规行为，即使捉者不曾将其捉住，也不能算是捉者输。捉者以在一定的时间内把所有的藏者全部捉出为胜利，这样也就结束了一场"藏猫"的游戏。不过，要是捉者在规定的时间内仍未发现或捉住藏者，这时的捉者可以说："某某猫，你在哪里？"藏者听到问话，可以向捉者提个醒，说："我在这里！"或叫一声"啊"。藏者也可对捉者的询问不作回答。回答的目的是为了增加游戏的趣味性，免得让捉者低落情绪，产生挫败感。捉者在听到藏者的回话后，便循声而去，很容易将藏者捉出。假若捉者最终无法把藏者捉出，那么，捉者在这一局的"藏猫"游戏中就是输家，接下来新一局的游戏中，他仍旧是捉者。如此下去，捉者仍无法将所有的藏者捉出，大家可以商定更换角色；若捉者将所有的藏者捉出，那么下一轮游戏中他就是藏者了，第一个被捉的藏者将充任第二轮游戏的捉者，而第二个被捉者将担任监督者，重新开始新的一轮游戏。

「儿童藏猫」

由于各地环境与游戏时间不同，藏者藏匿的场所也有异。乡村的儿童充分利用周围的物体，或爬上树枝，或下躲水沟，或深藏密林，或钻匿庄稼地，更有甚者爬上屋顶，夏夜还要忍住蚊虫叮咬之苦。城市儿童则尽可能地用可资利用之物，如在室内就可以钻进衣柜，不惜以翻乱、踩脏衣物为代价；还有的在盛夏炎热之日，将厚厚的被褥或冬衣捂在身上，哪怕是浑身汗淋，奇痒钻心，他也有如董存瑞舍身炸碉堡般的精神与勇气，窝在那里纹丝不动，惟一的目的就是不让捉者轻而易举地发现自己。

从表面上看，捉迷藏是一个简单的藏、捉角色的互换游戏，而其背后则是一种心理智慧的体现。游戏时，参与者须观察、识记周围地形、地势、物体等环境信息，揣猜对方心理并做出判断，进而调整自己的躲藏或捉找策略，从而实现不被发现或尽快找到对方的目的，游戏因此具有挑战性和趣味性。加之游戏形式多样，简便、易行，颇受城乡儿童喜爱。不过，由于空间、环境、时间、人际等自然、社会条件的变化，捉迷藏游戏在现代一些地方或渐被淡忘。但在东瀛日本则广为盛行，并以捉迷藏为题材，制作同名动画片，给中国观众留下深刻的印象；为弘扬传统捉迷藏游戏，日本还于 2010 年创下了参与捉迷藏人数最多的吉尼斯纪录。据报道，当时有 188 名市民参与游戏，游戏持续超过 1 小时；另外，日本学者甚至提议将捉迷藏列为奥运会比赛项目，并为“捉迷藏团体赛”制定了一系列的比赛规则。

(二)捉小狗与躲妈虎子

孩童游戏捉小狗在江苏、安徽等地颇为流行。其游戏方法是：七八个孩子在一起，其中年龄最大者充当“狗妈妈”，并用抽签的形式来确定捉“狗”者，而其余的人则是“小狗”。游戏开始时，“狗妈妈”把“小狗”藏在“狗窝”里，捉“小狗”者来到“狗窝”门口，对“狗妈妈”说：“老狗妈妈，请开门唷！”“开门做什么？”“捉小狗！”“小狗还没有生呢！”“要到什么时候？”“三五个月！”于是，捉“狗”者又去蹦跳了一周，然后再回

「捉小狗图」

来与“狗妈妈”对话，第三遍对话结束后，捉“狗”人便自行钻进“狗窝”去捉“小狗”。这时，“狗妈妈”已放“小狗”出洞，各自寻找躲藏的地方。捉“狗”人四处寻找，“小狗”则千方百计地躲藏、逃匿。一旦被捉“狗”人抓住，则“小狗”即归捉“狗”人所有。“小狗”全部被捉，游戏结束。

而躲妈虎子游戏的由来，则有一个历史传说。相传隋朝时，一代暴君隋炀帝为去扬州看琼花，便调天下士兵与百姓修建运河。炀帝命宠臣麻叔谋担任开河都护。据载，麻叔谋为人心狠手毒，贪婪好利。对其开河，唐代传奇文《炀帝开河记》载称：“叔谋乃自徐州朝夕无暇，所役之夫已少一百五十余万，下塞之处，死尸满野”；“时叔谋开汴梁盈灌口，点检丁夫，约折二百五十万人。其部役兵士旧五万人，折二万三千人”。开河中，凡遇到民宅、古墓、祖坟，只要肯贿赂，便可保全，否则以圣旨为借口，任意毁坏，就是鬼怪求情，不见金钱也决不松口。然而，开河到宁陵一带，麻叔谋偶染风痒病，需羊羔配药，于是每天都杀羊羔，并厚赏献羔羊者。宁陵巨富陶榔儿为保全祖坟，“乃盗他人孩儿年三四岁者，杀之，去头足，蒸熟，献叔谋”，不仅保全了祖坟，还得到了厚赏。此后，“襄邑、宁陵、睢阳界所失孩儿数百，冤痛哀声，旦夕不辍”。麻叔谋又勾结朝官，凡有上表言其吃人肉者，一概鞭笞。麻叔谋的这一非人行径，使其从此名声远播。百姓为避其害，只好把孩子藏起来。麻叔谋本名祜，与胡谐音，故称麻胡，年久即传为妈虎子。

开河都护麻叔谋残暴及其蒸食孩童之行状，来自于《开河记》。该作著者的目的，可能主要是为了表述隋炀帝的残虐，因麻叔谋为其宠臣，系一丘之貉，于是就有了其虐民食人的形象。但是，历史上是否有麻叔谋其人，不得而知，因为诸如《隋书》等史籍并未载记其人其事，较早见诸其有关事迹者，为晚唐考辨类笔记《资暇集》。其卷下“非麻胡”条文载：

> “俗怖婴儿曰麻胡来，不知其源者，以为多髯之神而验刺者，非也。隋将军麻祜，性酷虐，炀帝令开汴河，威稜既盛，至稚童望风而畏，互相恐吓曰：麻祜来。稚童语不正，转祜为胡，只如宪宗朝泾将郝玼，蕃中皆畏惮，其国婴儿啼者，以玼怖之则止。”

《炀帝开河记》与《资暇集》同为唐代著作，但后者记事相对客观，只言“麻胡”如何转递变迁而来，而不附会麻叔谋蒸食孩童之事。这一记述，也为后世文献承袭，如明代《古今事物考》卷8引之云：

> “俗怖婴儿曰麻胡。隋将军麻祜性酷虐，稚童互相恐吓曰：麻祜来。转祜为胡。”

虽然蒸食孩童未必有其实，却使麻叔谋成为民间恐吓童稚的常用口语，在中国文学史、民俗史上拥有一席之地。如鲁迅即曾借麻叔谋蒸食孩童一事，抨击反对白话、妨害白话、谋害白话之人：

> “自从所谓‘文学革命’以来，供给孩子的书籍，和欧、美、日本的一比较，虽然很可怜，但总算有图有说，只要能读下去，就可以懂得的了。可是一班别有心肠的人们，便竭力来阻遏它，要使孩子的世界中，没有一丝乐趣。北京现在常用‘马虎子’这一句话来恐吓孩子们。或者说，那就是《开河记》上所载的，给隋炀帝开河，蒸死小儿的麻叔谋；正确地写起来，须是‘麻胡子’。那么，这麻叔谋乃是胡人了。但无论他是甚么人，他的吃小孩究竟也还有限，不过尽他的一生。妨害白话者的流毒却甚于洪水猛兽，非常广大，也非常长久，能使全中国化成一个麻胡，凡有孩子都死在他肚子里。”

用“马虎子”恐吓孩童，不仅在北京地区流行，在长江流域的江苏、安徽、湖北等省份也十分普遍，人们常以之吓唬不听话的孩子。每当孩童哭闹不休，大人就会说“马虎子来了”，哭孩被吓得立刻不敢做声，1970年以前出生的人，恐怕都有如此的经历。只是“马虎子”在各地的叫法或写法有所差别，北京和江淮地区称“马虎子”，江苏等地叫“麻胡子”，川渝一带谓“麻老虎”，另外还有

「儿童躲马胡子游戏」

"妈胡子"、"摸胡子"、"大马虎子"等称谓。"马虎子"之所以有吓唬孩子的作用，一则在于他蒸食孩童，即"性酷虐"；二则因为他"威稜"无比，民间"以为多髯之神而验刺者"，即其长相威恐。但他究竟长得多可怕，其实人们并不清楚，大人们经常模仿的样子是：双手食指勾住嘴角，再用两个拇指按住眼角往下拉，用力使面部变形走样，龇牙咧嘴，并配以恐怖的声音和神态，装出鬼脸。除丑陋以外，民间或以为马虎子十分肮脏，所以，如果一个孩子小脸整天脏兮兮的，人们便说这孩子弄得像马虎子一样。

躲妈虎子游戏在长江流域的江苏、安徽、湖北等省的一些地方广为盛行，只是它究竟产生于何时，不得而知；同时，今天似乎已不再流行。游戏时，"妈虎子"由大人装扮，但行头极其简单，仅用花布、黑绸子之类织物扎头，上打两角。随后，边摸边喊："妈虎子来了！"周围儿童闻声四散，惟恐逃匿不及。最后，大人在没有被抓着的孩子身上挂上一块红布条子，阖家欢庆孩子躲过劫难，太平无事。

奔跑之趣

(一)牵郎郎与祈子巫术

儿童游戏牵郎郎主要流行于我国长江以南的地区。儿童们在进行这种游戏时，相互间拉扯着衣襟，一边游戏一边高声唱道："牵郎郎，拽弟弟，踏碎瓦片不着地。"

牵郎郎游戏的开展，多在那些无子的人家门口进行，主人家希冀通过牵郎郎游戏时的儿童之口，能给自家带来儿子，传宗接代，延续香火。所以，牵郎郎游戏与中国古代的祷祝生子的巫术活动具有一定的渊源。

在中国古代自给自足的自然经济条件下，人们过着男耕女织的生活，女子足不出户，忙于"屋内"之事，所以，中国自古就有男子把自己的妻子称为"屋里人"的说法；而劳耕等室外的事情则由男子来承担。因此，男子对于一户人家的生活具有至关重要的作用。老人不能自食其力和生活难以自理的时候，就得“食于人”，即由自己的儿子来养活。中国人自古就有“养儿防老”的观念，传宗接代就成为每一个中国家庭的重要任务。“不孝有三，无后为大”。人们将“无嗣”即无子作为对祖宗最大的不孝。于是，人们便采取了种种“求”的措施，其中包括祷祝的巫术活动，牵郎郎游戏就是由这一巫术活动发展而来。人们相信，牵郎郎的祝语通过孩子们的嘴里唱出来，即可产生一种神奇的魔力——生出儿子来。

据叶德均《戏曲小说丛考》引用《诲初录》之注说，牵郎郎乃“祝生男也”：

“踏碎瓦，禳之以弄璋；牵衣裙，禳之以衣裳；不着地，禳之以寝床。上两句祝多生男，下一句祝其不生女。寥寥三语，赅括《斯干》”。

《斯干》为《诗·小雅》中的一个篇名，全是巫祝之辞，其内容是说周王朝宗族世代旺盛，江山永固。“禳”是巫术祈祷活动；“璋”乃一种玉器。《诗·小雅·斯干》说：

“乃生男子，载寝之床。载衣之裳，载弄之璋”。

东汉经学家郑玄笺之曰：“男子生而玩以璋者，欲其比德焉”。后来把生男称为“弄璋”。“弄璋”又常与“弄瓦”相对应。所谓“弄瓦”，亦出自《诗·小雅·斯干》之中：“乃生女子，载寝之地，载衣之裼，载弄之瓦”。瓦为纺织用的纺锤，给幼女玩弄瓦，即希望她将来能胜任女子应该干的事。牵郎郎游戏中所唱的歌“牵郎郎，拽弟弟”，就是祷祝将来生个男孩；而歌中“踏碎瓦片不着地”乃祷祝生育时不是女孩。对此，明代陈沂《询刍录·牵牛郎》说：

「任伯年《弄璋图》」

“小儿相牵，戏曰：‘牵郎郎，拽弟弟，打破瓦儿不坐地。’初不为意，后知祝生男也。牵者郎郎，拽者弟弟，打破瓦，禳之以弄璋，不坐地，禳之以寝床，无非男也。古人小儿童呼，亦相祝之意。”

陈沂的这一解释，得到清代小说家褚人获的高度认同。他在所著《坚瓠集》中说：

“儿童扯衣裾相戏唱，曰：‘牵郎郎，拽弟弟，踏碎瓦儿不着地。’初意儿童相戏之词，后见《询蒭录》，知为祝生男也。牵者郎郎，拽者弟弟，多男子也。踏碎瓦，禳之以弄璋。扯衣裾，禳之以衣裳。不着地，禳之以寝床，无非男也。古人虽儿童相戏，亦有至理。”

如此看来，牵郎郎儿童游戏生发的基础，乃是以繁衍后代为目的的古老的祈子巫术活动。这些，都是由中国文化的特质决定的。

(二)摩梭儿童跑罐子

跑罐子是云南省宁蒗彝族自治县永宁一带摩梭人的一种民间儿童游戏活动。宁蒗县地处云南西北横断山脉中断，俗称“小凉山”，东与四川毗邻。摩梭人为纳西族支系，宁蒗境内摩梭人主要聚居在泸沽湖畔的永宁坝子。每年农历七月二十五日是摩梭人重要的传统节日——转山节（又称“朝山节”）。儿童跑罐子就在转山节期间进行。

关于转山节的来历，有多种说法。其中一个传说称，在狮子山（格姆山）下的者波村里，古时有一位美丽、聪慧而勤劳的姑娘。她一天能织出几十丈麻布，并能将她所看到的一切如彩虹、大雁、鲜花、蝴蝶等都织进麻布中，因此，这位姑娘受到了人们的夸耀与爱戴。天有不测风云，不料天上一位男神看中了她，就在七月二十五日那天，用一阵风把她卷上了天，整个永宁坝的人都惊叫起来。天神慌了，只得把姑娘放下。但这位姑娘已无法回到人

「转山节」

间，她的身子附着在狮子山的白岩山，而灵魂变成了一位女神，飘游在狮子山上。每当暴风雨要降临永宁坝，或者猛兽要来叼牲畜时，她都要发出呼喊，向人们报警。永宁坝人为了纪念这位姑娘，就在每年农历七月二十五这天举行集会，祈求女神保佑永宁坝人畜平安、五谷丰登。

转山节那天，永宁坝的摩梭人都要穿着艳丽的服装，带上丰盛的食品，前来向泸沽湖畔象征女神的狮子山烧香祈祷，祭狮子山，然后野餐，举行游戏活动，如对歌、跳舞、赛马、荡秋千等，跑罐子就是诸多游戏活动中儿童们喜好进行的一种。

比赛前，儿童们先选好一块较为平坦的地方，前方放置一个酒罐。比赛开始时，参加赛跑的儿童排列成一横队，组织者发出起步令后，大家一哄而起，直向酒罐跑去，谁先到达酒罐放置的地方，并将酒罐抱起，就表示他在这一局的游戏中取得了胜利。因此，这一游戏形式就被称为“跑罐子”。

究其产生原因，大概有两点。首先，与摩梭人重视孩童早期培养与教育有关。摩梭人十分重视儿童教育。众所周知，摩梭人是母系氏族社会。婴儿满月后，母亲就要参加劳动，孩子交由母祖照管。“小罐好盛酒，小孩最听话”。因此，孩子长到五六岁后，成人就开始对孩童进行全面教育。大凡与生产、生活、智力、风俗等相关者，都是不可或缺的教育内容，体育活动当然也是不能缺少的环节，而跑罐子即为其中的一项。摩梭人希冀藉此来训练孩童的反应能力、灵敏度、耐力与体力，培养其勇敢、顽强的精神，为其成年后参加生产、军事活动奠定基础。

其次，也是受成人比赛影响的产物。跑罐子不仅是在孩童中流行的游戏，也是成人汉子十分喜好的体育比赛活动。转山节期间，人们载歌载舞，并举行赛跑，即跑罐子。人们在酒足饭饱之后，开始有趣的“跑罐子”活动。数十名摩梭汉子跨上骏马，个个精神抖擞，神采飞扬。一声令下，一匹匹马儿像离弦的箭，冲向摆放酒罐的前方。马蹄声、喝彩声、口哨声，响彻格姆女神山上空。跑在前头的勇士，可依次取罐子饮酒，以资奖励。尤其重要的是，获取到罐子的汉子，无形中成为摩梭姑娘心仪的英雄，常常会博得姑娘的芳心。成为一名剽悍的男子汉，无疑是孩童成长的一个动力源泉。

益智赛巧

益智赛巧游戏系智能游艺，可粗分为智力、智能两种。其项目繁多，不同年龄、性别、身份和文化修养的人，都能根据需要和场景差异而选择不同的游戏活动。据其功能和开展活动所需智能与技巧，此类游戏的阐述可从益智、博戏与助兴、斗赛三部分来进行。

射谜益智

(一)苏杭元宵灯会竞猜谜

谜语作为一项独特的智力游戏形式，是锻炼、培养与表现人们智慧的民间语言艺术。它从我国遥远的古代诞生以来，历时弥久，但其旺盛的活力与生命力，虽绵延至今日，仍不曾有丝毫的衰减。

所谓的“猜谜语”，就是一种把事物的本体巧妙地隐藏起来，并以此为谜底，仅用与本体相关的喻体作谜面，让人搜肠刮肚地去猜射的智力游戏。南朝时期梁代文学理论家刘勰在其著《文心雕龙》“谐讔”篇中对此有所论述：

> “谜也者，回互其辞，使昏迷也。或体目文字，或图象品物，纤巧以弄思，浅察以衒辞，义欲婉而正，辞欲隐而显。”

就是说，所谓的“谜语”，就是绕弯子说话，使猜者迷惑难猜。或以拆开文字为窍门而设谜，或以描绘事物的表象手法来设谜，巧妙入微地思考，夸大其辞地观察，表达曲折而有理，话语隐含而浅显。

猜谜游戏，古称“庾辞”和“讔语”，最早是由文化人发明的。庾辞又称“庾语”，据《国语·晋语五》记载，当时秦国有个客卿在晋国朝廷上作“庾辞”，在场的士大夫没有一个能作对，就连智谋者范文子也仅知十分之三四。先人认为，古代所谓的“庾辞”就是“讔语”。对于“讔语”，《文心雕龙》说：“讔者，隐也；遁辞以隐意，谲譬以指事也”。从历史典籍记载可知，我国在夏朝就出现了隐语。如据《尚书·汤誓》记载，夏朝末代君主

「古代猜灯谜图」

桀暴虐失道，草菅人命，民怨沸腾。而夏桀却自负地说：“我拥有天下，如天上有太阳一样，太阳在我就在，太阳亡我就亡。”愤怒已极的百姓诅咒夏桀说：“时日曷（何）丧？予及汝皆亡”。百姓将太阳隐譬为夏桀，恨不能与之同归于尽。这或是历史典籍中记载的最早隐语。

降兹春秋战国时期，说猜隐语的活动已颇为流行，许多臣子常用隐语劝谏君主。如《战国策·齐策》记载，齐威王三十六年（前321年），齐国田婴被齐王封于薛（今山东省薛州市南）。田婴抵薛后，立即建筑城邑。因担心招致齐王猜疑，其门客反复劝阻，但田婴都置若罔闻，并拒见任何谏者。某天，有一谏者请求谒见田婴，并保证见到田婴后，只说三个字，否则，宁愿被他处死。田婴闻报，颇觉奇怪，就答应了来者的请求。来者一见田婴，从嘴里迸出“海大鱼”后，立即掉头而走。“海大鱼”三字进入田婴的耳朵之后，他的大脑马上就动了起来，可百思不得其解，便迅速派人把齐人拦了回来，请他解释其中的寓意，并保证不处罚他。于是，齐人解释道：“海里的大鱼，鱼钩牵不动、鱼网挡不住，但是一旦离开水，就会被弱小的蝼蚁欺侮。齐国如同水，您就是水中的那条大鱼。君长拥有齐，还要薛地有什么意思呢？如果您失去齐国，纵然您把薛城筑建得如天高、地厚，您能保全吗？”齐人最终用“海大鱼”隐语成功地谏阻了田婴。

到了汉代，谜语已基本形成。据《汉书》本传记载，西汉文学家东方朔就曾出过一个谜底为“蜥蜴”的谜语：

“臣以为龙又无角，谓之为蛇又有足，跂跂脉脉善缘壁，是非守宫即蜥蜴。”

关于隐语转化为谜语，刘勰在《文心雕龙》中说：“自魏代以来，颇非俳优；而君子嘲隐，化为谜语。”而“谜”的名称，则出于南朝宋（定都建康，即今江苏省南京市）人、文学家鲍照之手。鲍照曾出“井”、“龟”与“土”三则字谜，并以《字谜三首》为题，收入其文集《鲍参军集》中。自此，“谜”的名称便正式出现了。到了唐宋时期，猜谜语活动成为老少咸宜的一种游戏形式。郎瑛在《七修类稿》中言：“隐语化而为谜，至苏（东坡）黄（庭坚）而极盛”。

猜谜语活动在我国不仅源远流长，而且内容、形式丰富多彩。概括地说，谜语有灯谜、事物谜两大类。

古时的灯谜多在元宵灯会进行。元宵灯会时，灯主为吸引更多游人的关注，常把谜语写在彩灯罩上，或挂在灯旁，以供人猜射，因此，人们就把这种猜谜的形式称作灯谜。

《江震记》载称，每当元宵夜时，“好事者或为藏头诗句，任人商揣，谓之‘灯谜’，亦曰‘弹壁’。”王鏊在《姑苏志》（姑苏，今江苏苏州）中亦言：上元灯市藏迷的称“弹壁灯”。孟元老《东京梦华录》记载今杭州元宵节时说：“多以谜为猜灯，任人商略”。一般而言，灯谜的谜面范围十分宽广，引经据典者涵括经传、诗文、诸子百家，甚至民间谚语、传奇小说也在其范围内，而日常所见的什物、花草、树木、果瓜、蔬菜、鸟兽、虫鱼等也时时入谜，出谜者可随心所欲，左右逢源，或褒贬人物，或讽喻时政，其物其意，任凭猜谜者猜射，真可谓“更夹路香谜凭人打”（陈迦陵《元夜》词）。因此，与其他猜谜形式相比，灯谜文学性较强，所涉及的知识面也较广，猜射者要有较高深的文化修养，且对谜语的体裁、制作原则及方法亦有一定的了解。

「古代元宵灯会」

古时，长江流域一带的猜灯谜活动十分活跃。据周密的《武林旧事》（武林，今浙江杭州）记载，南宋元宵节时京师临安（今杭州）就流行猜灯谜的游戏：

“有以绢灯剪写诗词，时寓讥笑，及画人物，藏头隐语，及旧京诨语，戏弄行人。”

这是那些童心未泯的灯主故意用旧京诨语来出谜，戏弄行人，属恶作剧。在江苏无锡，猜灯谜活动堪与杭州相比肩。据《锡金识小录·备考上》记载，无锡有个名为吴伯成的县令，在城内建了一个铺子，以此来拘禁那些寻衅闹事却不够依法制裁的人。铺子四周围有木栅，被当地人称为“百哥笼”。每年年终时，被拘者可回家团圆过年，但年初又将其关在“百哥笼”内。百姓对此颇觉有趣。一年元宵之夜，有一士民用纸糊成一鸟笼形状的灯罩，在罩上写上一首打油诗作为谜面，然后点上灯，走入街市。其诗曰：

“此灯天下无，四面纸来糊，过了正月半，依旧养百哥。”

县令观灯时发现了这一灯谜，知道灯主是讥笑自己治政“有方”，便对灯主严加训斥一番，不过，“百哥笼”自此也不复存在。这是古代利用灯谜来讽谏政治的事例之一。

猜灯谜活动由于出谜者巧运匠心、精心构思谜画，以及猜谜者兴趣浓郁的参与，在长江流域的许多地方开展得如火如荼。凡是有开展猜谜活动的地方，常常是人头攒动，前拥后挤，甚至远足而来。有些出谜者为吸引更多的猜谜者，往往设一些奖品，奖给那些第一个猜中者或猜中难谜的“高手”。所奖之物，一般价值较小，突出的是趣味与气氛。刘廷玑《在园杂志》中就有关于淮扬此类情景的记载：

“灯谜本游戏小道，不过适兴而成。京师、淮扬于上元灯蓬，用纸条预先写成，悬于一纸糊长棚，上粘各种，每格必具，名曰‘灯社’，聚观多人，名曰‘打灯虎’。凡难猜之格，其条下亦书，打得者，赠某物，如笔墨、息香、白扇之类。”

灯谜运用的是语言技巧，用辞文雅，不易猜射，所以古人常用“老虎难射”来形容它，称之为“灯虎”，猜灯谜则为射虎或打灯虎。当然，淮扬之人见难而上，明知“山”有“虎”，偏往“虎山”行，其目的并非看重设谜者所赠之物，他们关注的是其中的乐趣及自己能力和才学的体现。

南宋时的临安猜灯谜活动十分火爆，出谜者水平较高，一些灯谜虽深奥，但不失浓郁趣味，因此常常会出现诸多人为一个谜语而伤透脑筋的场面。猜谜者云集一处，共同商磋，吴自牧《梦粱录》记之曰：“商继者，先以鼓儿贺之，然而聚人猜谜。”纵然有些灯谜在众人的智慧面前终现其谜底，可有的灯谜，即使是知识渊博、学富五车的学问家，也是百思难得其解，他们最后只得望“谜”兴叹，自慨学不及此，一片惘然而去。这是灯谜游戏之所以吸引众人参加而绵延中华千古不绝的重要原因之一。

如今，百姓受教育程度普遍提高，猜灯谜这项智能游戏活动已从古代士人的圈子里突围而出，成为广大百姓喜闻乐见的一种游戏形式。无论是大江南北，还是在江左、江右，只要稍加留意，你就可以在劳动休息时间、各种大小文艺活动，乃至婚礼上，看到出谜、猜谜的活跃场面。

事物谜就是以某事或某物为谜。与灯谜相比较而言，事物谜主要源于百姓在日常生产劳动与生活的过程中的口头创作，它具有浅显通俗、轻盈活泼的突出特点，通常是口头传播、咏猜，其谜底基本上是一些日常事物，所以，纵使是那些斗大的“一”字不识的乡村居民也极易将谜底猜出。因而，事物谜就成了我国民间猜谜活动的主要形式，自古以来就在民间拥有相当广大的市场。

唐朝文学家段成式在《庐陵宫下记》中记录了一则有趣的事物谜：曹著是唐代一位才华卓越的人物。一天，他在家接待了一位客人。这位客人素闻曹著的学问，他今天要亲自领教一下，于是就出了一个事物谜让曹著猜射：“一物坐也坐，卧也坐，行也坐。”曹著听完，笑而不语，也出了一个谜让客人猜：“一物坐也卧，卧也卧，行也卧。”客人猜了半晌也不知谜底，便向曹著请教。曹著面带笑容地答道：“我的谜底可以吃你的谜。”客人听到此话，更是迷惑不解，曹著只得如实地告诉他：“你的谜底是青蛙，我的谜底是蛇。我的谜底不是可以吃你的谜底吗？”

「现代元宵灯会」

与上述一则古代事物谜相比，现在的事物谜要简易、通俗得多，如“兄弟七八个，围着柱子坐。大家一分手，衣服就扯破”（谜底为“大蒜”）、“从南来了个踟啦踟，不脱衣服下了海”（谜底为“鸭子”）等等。事物谜由于是民间智能游戏的主体，因此，它的地域性和民族性也十分明显，其创作与猜射的基础和各地百姓的生存环境、生活方式有着密切的关系。

就长江流域整体而言，多为鱼米之乡，水域广阔，而有的地区则以山林为主，猜事物谜自然也就打上了地域性与民族性的烙印。地域性主要表现为其谜语与其日常的生产、生活之事物有关。如云南省的基诺族有谜曰："去时咚咚响，来时泪汪汪"，其谜底就是与基诺人息息相关的"竹水筒"；又如云南省普米族有谜语曰："猜谜谜，猜谜谜，红毡子擀过去，黑毡子擀过来。"这一谜语的谜底，若不是生活于其环境和亲自参加者，是难以猜射的。其谜底就是普米人经常从事的"野火烧山"一事。民族性的表现亦与地域性有关，如长江流域河汉湖泊众多，其事物谜有不少就与水联系密切。譬如，这一地区的少数民族男女青年在对山歌活动中设谜时，就有许多与水有关。如"什么水上建高楼"、"什么水上翻跟斗"、"什么水上打洋伞"等。

总之，猜谜这一活动既有趣又有益，既锻炼了参与者的大脑思维能力，提高思考力和想象力，又寓教于娱乐之中，不仅对于成人是一种健康的益智娱乐，而且对于儿童的智力培养也具有重要的作用，所以自古至今都是妇孺皆爱、老少咸宜的一项游戏活动。

(二)南人善猜卜

猜卜游戏即猜物卜字，也就是我国古代所谓的"射覆"、"猜枚"，是一种类似于占卜的游戏形式。

那么，什么是射覆呢？颜师古注《汉书》东方朔本传"上尝使诸数家射覆"曰："于覆器之下而置诸物，令暗射之，故云射覆。"也就是说，射覆是将一物覆盖起来让他人猜射。从《汉书》记载看，至少在西汉时，射覆游戏在皇宫就十分流行，东方朔就是其中一位射覆高手。据《汉书·东方朔传》记载，一次，汉武帝将一只壁虎罩盖起来，令人猜射，结果无人猜中。此时，东方朔过来，说："我对《易经》有所研究，请让我来猜猜吧！"果真被他猜中了。另据《三国志·吴书·赵达传》记载，吴国境内的赵达善"应机"之术，思考问题缜密，"对问若神，至计飞蝗，射隐伏，无不中效"。一天，众人相聚，有人故意挑逗赵达说："飞虫本来就是不能够数清的，谁又能知道你算的正确呢？你是一片妄言！”于是，赵达就让这个人取来数斗小豆，将其撒播在桌上，立即说出其准确的数量。随后，经过验证，果真一颗无误，众人无不佩服。

东方朔、赵达等善于猜卜者，做猜卜游戏并非以卖卜谋利，更不是为了卖弄自己的技艺，他们偶然施展一下本领，只是为让围观者高兴。《闻奇录》一书记载说，今天浙江省嵊县有一个名叫叶简的人，长于卜筮，人们常以看他猜物为乐。曾有人把橘子放在盒子里盖起来供他猜，叶简说：“圆似珠，色如丹，倘能劈破同分吃，争不惭愧洞庭山。”把橘子的形状描述得丝毫不差。于是，又有人拿出一条毛巾让他猜，他说：“近来好裹束，各自竞尖新，秤无三五两，因何号一斤。”

还有人不肯就此罢休，再找来两个鸡蛋让叶简来猜。他又说：“此物不难知，一雄兼一雌，请将打破看，方明混沌时。”

不论让他猜射何物，他都能将其一一道来，众人为之心服。另据徐珂《清稗类钞·方伎类八》“方直之工射覆”条，桐城（今安徽桐城县）人方其义特别善于猜卜，与他熟悉的人也常用东西让他来猜，以此来取乐。一日，有人将一枚黄钱藏起来并请他来猜，他说道：“金体四文，既圆且方，流布天下，钱文为光。”围观者为之拍手称绝。

猜卜游戏由最初的猜物发展到后来的卜字，范围有所扩大，凡是用相连字句隐物为谜让人猜射的游戏，也被称为猜卜游戏。唐朝诗人李商隐《无题》诗中有“隔座送钩春酒暖，分曹射覆蜡灯红”之句，所说的“射覆”一事乃为在酒席上做的猜卜游戏。送钩也称藏钩，是古代腊日的游戏，分二组以较胜负。把钩互相传送后，藏于其中一人手中，令人猜。这一猜卜游戏的方法，清代俞敦培在《酒令丛钞·古今》一书中解释说：

> “今酒座所谓射覆，又名射雕覆者，殊不类此。法以上一字为雕，下一字为覆。设注意‘酒’字，则言‘春’字，‘浆’字使人射之，盖春酒，酒浆也，射者言某字，彼此会意。”

也就是说，如果一个人以“春”字为猜卜的谜面字，那么，谜底就是“酒”字。

猜卜游戏在民间的主要形式是“猜枚”，具体有两种方法。第一种是取一些小的物件，如硬币、瓜子、莲子和火柴棍等握在手中，或让他人猜卜手中有何物，或供他人猜卜手中有无物件和多少等。元代姚文奂《竹枝词》中“剥将莲肉猜拳子，玉手双开各赌空”之句所写的情景，就是这类猜卜游戏。此类游戏简便、易行，适于民间进行；第二种乃为猜谜。近代学人丁惟汾于其《俚语证古》中对此进行了一番的考证，他说：

“猜默，猜枚也。解谜谓之猜默。默字当作枚。《左传·昭公十二年》：‘南蒯枚筮之。’杜云：‘不指其事，讯卜吉凶。’解谜犹讯卜，故谓之猜枚。”

猜枚游戏在长江流域的北部地区，如青海、皖北、苏北等一些地方仍十分流行。

博戏

(一)樗蒲博戏在长江流域的兴衰

樗蒲，又称“摴蒱”、“摴蒱”、“蒱戏”和“蒱博”。樗是一种落叶乔木，也就是民间的臭椿；蒲即蒲草，系水草，可用织席。因樗蒲的博具如马、五木等是用樗木做成的，故称这种博戏为“樗蒲”。另外，又由于这种博戏的投具是五枚一组，所以又称之为“五木之戏”。

关于樗蒲的由来，张华的《博物志》与《晋书·陶侃传》说是由老子发明的，似不可尽信。不过，有一点可以肯定，这就是迟至汉代，樗蒲就已经出现。从《西京杂记》与东汉马融的《樗蒲赋》来看，汉代的樗蒲尚是一种雅戏，而不是作为赌博的手段。到了魏晋南北朝时大行于世，并正式成为赢钱赌博的游戏，陶侃即因此反对朝臣沉湎于樗蒲。

樗蒲的玩法，现已失传。从唐朝李翱的《五木经》与李肇的《唐国史补》、宋朝程大昌的《演繁录》等文献记载看，樗蒲的博具有子、马和五木（相当于今天的骰子）等，博盘上有关、坑、堑等一些标志。樗蒲时，每人

「樗蒲图」

执六马，用五木掷彩，依彩行马通过关、坑、堑，以此来决定胜负。那时，五木两头尖、中间平，一子两面(现在的骰子为六面）分别涂饰有黑、白两色，依五木掷后黑白面的不同排列组合定彩。彩有十种，枭、卢、鸡、犊、塞为点名，全黑为卢，是最高彩，四黑一白为塞，三黑二白为鸡，其余则为犊与枭。卢、雉、犊等为贵彩，其他的统为杂彩。掷木者无不希望能获得最高彩卢，掷得贵彩可以连掷和打马过关，杂彩则不然。

樗蒲盛行于魏晋南北朝时期，风靡大江南北，以皇帝为首的大小官员无不以樗蒲为乐。夺取晋朝政权的桓玄，虽然身为至尊的“皇帝”，却嗜赌如命，看到谁家有华丽怡人的园宅，就想将其全部占为己有，于是就“勒以樗蒲而赌之”。而南朝宋（定都今江苏南京）孝武帝刘骏乃是好赌帝王中的最好赌者。对此，《南史·颜师伯传》记之曰：

> “(颜师伯）多纳财货，家累千金。孝武（南朝宋孝武帝刘骏，453—464年在位）尝与师伯樗蒲，帝掷得雉，大悦，谓必胜。师伯后得卢，帝失色（这是由于卢彩优于雉彩的缘故——引者注)，师伯遽敛子曰：‘几作卢。’尔日，师伯一输百万。仍（乃）迁吏部尚书、右军将军。上不欲威权在下，前后领选者唯奉行文书，师伯专情独断，奏无不可。”

颜师伯得吏部尚书美职，且专情独断，虽免不了有故意在樗蒲之博中输钱的嫌疑，但有一点是可以肯定的，那就是与孝武帝好樗蒲之博有关。孝武帝好樗蒲之博，至老弥笃，《南史·垣护之传附阂传》记载说，孝武帝晚年溺于樗蒲之博，“孝武末年贪欲，刺史二千石罢任还都，必限使献奉，又以蒲戏取之，要令罄尽乃止”。由此，足见孝武帝独领南朝帝王好樗蒲之博之风骚。

宋孝武帝的继承者、其弟明帝刘彧（公元465—472年在位），可能是秉承了其兄长的“爱好”，据《南史·李安人传》载，在登极之初消灭晋安王刘子勋后，明帝“大会新亭楼，劳诸军主，樗蒲官赌。（李）安人五掷皆卢。帝大惊，目安人曰：‘卿面方如田，封侯相也。’”。而宋国此风的盛行，殆与其前辈、南朝宋的建立者刘裕有关，刘裕就曾在东府与诸臣大掷樗蒲，“一判应至数百万”。

魏晋时，士族在政治、经济和文化等方面居于主导地位，在樗蒲方面，士族也应当仁不让地“领导新潮流”。对他们来说，樗蒲之博非但不是什么恶习，而是与饮食、服饰等一样，是一种名士风流通脱旷达的标识。《世说新语·任诞》说，东晋的温峤在未显时，“屡与扬州、淮中估（贾）客樗蒲，与辄不竞。尝一过，大输物，戏屈，无因得反。与庾亮善，于舫中大唤亮曰：‘卿可赎我。’庾即送直，然后得还。经此数四。”就是这样一位好樗蒲之徒，竟被辟召，推举为秀才，并逐渐身居仕宦高位。

「樗蒲图」

出身于高门显贵的士族热衷于樗蒲，而出身于寒门低微的庶族似也不甘落后，执著追逐于樗蒲之博。《晋书·刘毅传》记载说，南朝宋开国君主刘裕家本寒微，曾由于樗蒲而欠刁逵赌债三万，被刁逵捆绑在马桩上。尽管后来大业有成，但刘裕仍积习难改，于“东府聚樗蒲大掷，一判应至数百万，余人并黑犊以还，唯刘裕及毅在后。毅次掷得雉，大喜，褰衣绕床，叫谓同坐曰：‘非不能卢，不事此耳。’裕恶之，因接（揉搓）五木久之，曰：‘老兄试为卿答。’既而四子俱黑，其一子转跃未定，裕厉声喝之，即成卢焉。毅意殊不快，然素黑，其面如铁色焉，而乃和言曰：‘亦知公不能以此见借。’”可见久经沙场的刘裕，赌技与心理俱佳。另据《宋书》记载，宋国开国功臣刘虔之之子康祖，在穷居巷閭时不治士业，四处游荡，以樗蒲为事；后来为员外郎，仍然沉溺于樗蒲，并终因此而遭罢黜。

"近朱者赤,近墨者黑。"魏晋时炽热的樗蒲之风使儿童耳闻目濡,无师自通,亦纷纷加入到樗蒲之博行列中。东晋济阳(今江苏武进县)人江虨11岁时就开始学樗蒲;庐江(今安徽庐江县)人伺尚之也自幼精通樗蒲。《世说新语·方正》记载说,东晋大书法家王献之幼时,曾看一群成人樗蒲,随口发出一句评论之语,樗蒲者看是一个儿童,便以轻蔑的口吻说:"此郎亦管中窥豹,时见一斑。"王献之一听这群人如此小看自己,便嗔目忿言:"我的樗蒲技术,能使远近的樗蒲专家惭愧不及。"说罢,拂袖而去。

总之,魏晋南北朝时期,是樗蒲之风极盛时期,樗蒲之戏,几乎成为社会上人之必备的基本知识技能。当时许多有识之士对此无不深恶痛绝。如三国时作《博弈论》的韦昭、东晋禁断樗蒲的庾翼、教子戒赌的江虨母亲等,都力图矫正当时樗蒲的恶劣风习。尤其是东晋的陶侃,为政时勤于事职,但当他闻知诸参佐之人因樗蒲而贻误政事时,万般愤怒,令"取其樗蒲博具悉投以江"。尽管如此,世风日下,有志之士的行为与作用如同杯水车薪,收效甚微,此时的樗蒲之风依旧。

不过,任何事物都有开始、兴盛与衰落的过程,凡事都有"物极必反"的时候,樗蒲之博亦不例外。樗蒲在魏晋南北朝盛极一时后,便很快呈萎靡之势,及迄唐代,虽有樗蒲之戏,但仅掷五木,流行的程度和范围远不及魏晋南北朝时期,惟有寥者为之。到了宋代,樗蒲就被他法所替代,这就是宋代诗人李清照在《打马图经·打马赋》中所说的"打马爰兴,樗蒲遂废"之事。从此,长江流域的樗蒲之戏也就消失在茫茫的历史长河之中,仅以一种历史文化现象而存留在时间老人的记忆中。

(二)从马吊牌到麻将

每逢饭后茶余,四人围桌而坐,手中玩弄着一百三十八张牌。牌分万、索、筒三门,每门从一到九,各有四张;另加中、发、白、东、南、西、北各四张和一张花牌与一张百搭。每人十三张牌,以先合成四组另一对牌者为赢。这就是人们日常所见、自古迄今都颇为风行的打麻将牌(即"搓麻将")活动。这一游艺活动在长江流域乃至在南岭以北的大半个中国的流行，与今天的浙沪等长江流域的沿海地区有着割裂不断的联系。

麻将亦作“马将”，又名“麻雀”。近代学者、今浙江杭州人徐珂在其《清稗类钞·赌博》中说：

> “麻雀，马吊之音之转也。吴（今江苏、上海的大部和安徽、浙江的一部）人呼禽类如刁，去声读，不知何义，则麻雀云为马吊，已确而有征矣。”

杨荫深在《中国游艺研究》一书中据此指出：“麻雀实为马吊之转音，麻雀两字根本无意义可言”。

由于麻将又名“麻雀”，有人据此认为，麻将起源于江苏太仓。太仓是座拥有4500多年历史的江南名城。因其交通便利、农业发达，早在三国吴时期，就在此建仓屯粮，乃后的元、明、清几朝，无不如是。囤积稻谷难免鼠雀等患，每年因而损耗粮食不少。为奖励守仓士兵捕获雀鸟，管粮仓官用竹子制作“护粮牌”，牌上记录捕雀数目，并以此作为发放酬金的凭证。筹牌上刻画有各种符号和数字，既可观赏，又可游戏。守仓士兵护粮、捕雀之余，经常以玩护粮牌为娱，从而形成了后世的玩麻将之风。论者指出，“麻雀”牌的称谓术语、符号和玩法，都与捕雀有关：“筒”即枪筒，其图案为火药枪的横截面，筒的数量代表火枪的数目；“索”即“束”，是用细绳扎串起来的雀鸟，故而“一索”图案以“鸟”代表，若干索就是几束鸟，奖金的多寡是按捕获鸟雀数量计算的；“万”则是赏钱的单位；火枪射鸟要考虑风向，东、南、西、北则代表风向，所以叫“风”；“中”为射中雀鸟的意思，所以是红色；“白”即没有击中鸟雀，等于放空炮，故为白板；“发”则为发放酬金，领赏发财；玩法中的“碰”，是发枪“砰”的声音等。麻将牌起源于太仓的说法，虽然没有具体的文献支撑，但它在一定程度上折射了麻将与太仓具有不可分割的联系。

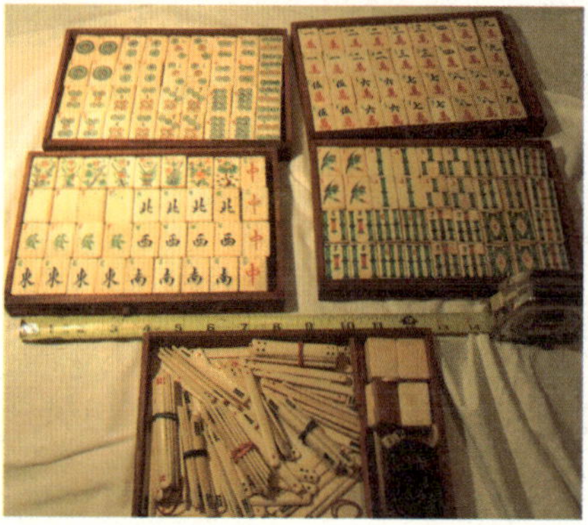

「民国竹骨麻将」

从徐珂和杨荫深的阐述又可知，麻将又名“马吊”。马吊亦叫“叶子格”、“叶子叶”，是一种纸牌游戏，源于唐朝玩骰子格时记录输赢数值所用的纸片。宋代诗人欧阳修在《归田录》卷2记之曰：

“叶子格者，自唐中世以后有之，说者云，因人有姓叶号叶子青者撰此格，因以为名。此说非也。唐人藏书，皆作卷轴，其后有叶子，……凡文字有备检用者，……以叶子写之。……骰子格，本备检用，故亦以叶子写之，因以为名尔。”

马吊游戏始于明朝，是明末权宦马士英弄权乱邦、百姓遇马即吊之谶。马吊共有四十张，绘有图画，各有寓意。如“百子图”画一人手提人头，而号“阮小二”为阮大铖杀人之谶，阮大铖书房刚好有百子楼。牌点分十万贯、万贯、索子、文钱四种，四人同玩，每人各取八张，其余的八张牌放置在桌子中间。四人依次轮流出牌与摸牌，出牌以大压小，三家逼一家，三家为闲家，一家为庄家。闲家把庄家逼下台后，其中一家坐庄。

「晚清宫女打马吊牌」

到了明朝末年，马吊牌又衍生出一种默和牌。默和牌没有十万贯的牌点，仅保留了万贯、索子、文钱三门，每门各九张，从一到九；另有万贯、索子、文钱三张。各牌都有相同的二张。所以，一副默和牌（又叫默合牌）共六十张。徐珂《清稗类钞·赌博类四》记录了默和牌的玩法：

“博时，聚客四人，案设辐罽旃，乃出戏具。拈一人为首，以次抹牌。每人各得十页，谓之‘默和’。余二十页，另一人掌之，以次分递在局者，谓之‘把和’，亦曰‘矗角’，因其在座隅也。其法以三四页配搭，连属为一副，三副俱成为胜，两家俱成，以拈在先者为胜。”

无论是玩马吊牌，还是玩默和牌，入局者均要气静声和，万万不得喧闹，更容不得争吵，所以有“无声落叶”之称。《清稗类钞·赌博类四》中记载的黎姓之人一席话，略可窥探其中的精巧之味，兹录如下，以供玩味、领受：

"思深于围棋，旨幽于射覆，义取于藏钩，乐匹于斗草，致怡于枭卢抛掷，非按普深索，则不能悉其委曲，浅夫稚子厮养之卒，不足以与此也。"

古时，马吊与默和牌在长江流域较为流行，尤其是在长江下游的苏浙一带。画舫是装饰华丽的游船，江浙之地是"江南水乡"，四处江河，游船比比皆是。据清人李斗所撰的《扬州画舫录》记载，当时的画舫都备有马吊、默和牌供游客消闲。康熙时，吴中（旧时对吴郡或苏州府的别称）刻造的马吊不仅流通于长江流域，而且远传全国。明末的《乌程刘志》记载说，乌程（今浙江湖州）人士衣绮罗绫缎，聚众博戏，耍玩马吊等，一些文人雅士则坦然视之。

默和牌的形式已与麻将牌基本相似，麻将牌即由此改造、演化而来。杨荫深先生说："此牌（即麻将牌——引者注）实远绍马吊牌，近由碰和牌（从默和牌发展而来但区别不大的一种博戏形式——引者注）转变而来。不过前者仍用纸制，后者改为骨"。

「民国时期女子打麻将」

麻将牌始于何时，近人杜亚泉说："马将牌创于何时，不能确定，但当较默和牌略后。默和牌始于明之末造，则马将牌之改作当在明亡以后矣。相传谓马将牌先流行于闽粤濒海各地及海船间"。由此可以推断，麻将最早也不过出现于明末，当然，清代有麻将当是无多大争议的。

麻将牌的玩法与马吊、默和牌的玩法无多大区别，其原理基本一致，只是制作原料及其质地有所不同。麻将牌分万、索、筒等三门，每门从一到九各四张，另加东、南、西、北和中、白、发各四张，共一百三十六张(后来又加有花牌与百搭，共一百三十八张)。"而万、索、筒三门，'万'即'万贯'，'索'即'索子'，'筒'即'文钱'"。杨荫深先生在其《中国游艺研究》一书中对麻将的戏玩百态进行了较为详细的记载：

“有所谓‘百搭’的，随便定某牌为百搭，则无论何牌均可相配。而和牌方法，名目更多，有‘不求人’，即牌皆自抹，不向人吃碰；有‘全求人’，则吃碰皆求于人；有‘清二色’，即和牌中只有二色；有‘无花无字’，即和牌中无春夏秋冬东南西北之类；有‘一板绞’，即有两个同样的顺子；有‘双板绞’，则有三个同样的顺子；有‘喜相逢’，即有两个不同门顺子；有‘双喜相逢’，即有三个不同门顺子；有‘一条龙’，即幺至九牌皆顺次而全；有‘断幺九’，即全牌中没有幺九；有‘纯幺九’，则全牌中均为幺九的；有‘七对头’，即十四张牌适成七对子。”

以上所云的相关玩法，在一些地区由于玩者的爱好或临时规定而有异。

玩麻将亦需要一定的技巧与方法，徐珂的《清稗类钞》中就录有一首“麻将经”：

“麻将何难打，只求实者虚。逢和须要算，死听不为输。三项家家大（中发白），双凤双双符。自摸清一色，喜煞牧猪奴（牧猪奴为对赌徒的鄙称）。今日赢钱局，排排对子招。三元兼四喜，满贯遇全幺。花自杠头发（即杠后开花，指开杠后自摸和成），月从海底捞（即‘海底捞月’，指只剩一张牌而自摸自成）。散场须远避，竹杠怕人敲。素有盘龙癖（人称打麻将为摆盘龙阵），得闲打八圈。上家六合占，本位自输钱。勒子看人倒（三百符为‘倒勒’，亦称‘勒子’），病张摊我拈（三项大张难以打出的为‘病张’）。不如加两点，或可有连庄。又唱竹林戏，讴歌逸兴赊（有些地区打麻将者均有唱牌的癖好，西风则唱‘西瓜玻璃泡’，北风则唱‘北关桥下水滔滔’）。四圈输八吊，一客累三家。包子连连吃（冒险打大牌，别人和成，玩牌者称‘包全抬’），头头屡屡拿。不愁输得苦，明日早早来。”

写出这样生动、形象的玩麻将者的心态及场景，是需要作者对玩麻将相当熟谙的。

麻将在闽粤濒海各地出现后，很快就在长江流域风行，并从长江流域波及全国其他地区：

“清光绪初年，（麻将）由宁波江厦延及津沪商埠。大约明亡以后，达官贵胄及其宗亲子弟，多奔走于浙闽两粤之海上，故流传此牌。”

是俗不仅过去在长江流域的许多地方风行，纵然是现在，此风仍在各地盛行，成为一些人的业余爱好，有些人以此为赌博的手段，这种恶习必须予以根除。

斗禽赛刚阳

（一）荆楚斗鸡冠神州

斗鸡所用的鸡主要是公鸡。它是人们利用公鸡逞强好斗的本性，诱引其互相搏斗，从而借此消遣取乐的一种斗赛游艺形式。

禽类斗戏中，斗鸡出现的时间相对较早，也最为普遍与广泛。从地区来看，南至长江以南的广大地区，北到广袤的北部平原地区，时时都有雄鸡相斗的场景出现；爱好者主体也十分庞大，上至帝王将相，下至普通百姓，常常都难免于俗，时时流连或驻足于斗鸡场边。

人们之所以驯化公鸡相斗，有其一定原因。《春秋说题辞》记载：

“鸡为积阳，南方之象。火阳精物，炎上。故阳出鸡鸣，以类感也。”

古人用五行说解释方位，以木配东、火配南、金配西、水配北、土配中，鸡为“南方之象”，即属火，为阳精，本身就是太阳的同类。每天早晨，“阳出鸡鸣”，人们随雄鸡的啼鸣而起，开始了一天的劳作，鸡在民间被人们称为“司晨之官”。在儒家学说占主导地位的中国古代社会，鸡又被人们附会为具有“五德”的祥禽，并赋之以“阳刚”、“威武”的特性，而广受人们的厚爱。《韩诗外传》卷2记载春秋时期的田饶曾对鲁哀公说：

“君不见夫鸡乎？头戴冠者，文也；足傅距者，武也；敌在前敢斗者，勇也；见食相呼者，仁也；守夜不失时，信也。”

雄鸡头上有冠，具有士人的儒雅风度；脚有爪距，大有将军的威武雄风；面对敌人敢于战斗，具有军人的英勇无畏气概；见到吃的东西总是呼叫同类共享，有志士仁人的无私胸怀；每天早晨毫秒无差的报鸣，如同君子恪守信用。另外，晋人崔豹《古今注》曰：“鸡，一名烛夜。”“烛夜”乃为“照亮黑夜”的意思，指日出夜退，鸡叫天明，其中隐含着鸡能战胜黑夜、制服阴气之意。所以，民间让雄鸡相斗，自然也寓含了某种吉利如意的寄托，如祛除邪气等。

「酒泉丁家闸十六国5号墓北壁　斗鸡图」

从有关记载看，我国斗鸡活动开始颇早。《左传》昭公二十五年（公元前517年）中记载的季、郈氏间的一场斗鸡比武之事，当为见诸文献中较早的一次斗鸡活动：

“季、郈之鸡斗。季氏介其鸡，郈氏为之金距。平子怒，益宫于郈氏，且让之。故郈昭伯亦怨平子。”

所谓“介其鸡”，说法有二：一说是把芥末粉播散在鸡翼上。芥粉性呛辣，两鸡相斗，展动双翅，芥粉四扬，对方鸡因此无心酣战，不要几回合，就会败阵而去；一说是将“介”释作铠甲，因为古代“介”、“甲”相通。斗鸡时，鸡头是彼此啄咬部位，头戴小铠甲，可保护鸡头不受伤害，是取胜的保障。但是，头戴金属铠甲，会大大影响斗鸡的反应、活动能力，有时非但不能增加胜利的几率，反而导致败北。因此，后一解释似乎不太合理。“金距”也是一种外加武器。颜师古注《汉书·五行志》：“距，鸡附足骨，斗时所用刺之。”所谓的“距”，就是雄鸡跗跖骨后方所生的尖突部分，内为坚骨，外有角质鞘，是斗鸡时飞蹬对方的锐利武器。金距，就是在鸡距上加套金属假距，以利杀伤对手。季氏、郈氏斗鸡时，季氏在自己的鸡身上撒芥末，使郈氏斗鸡畏惧；郈氏则给斗鸡装备铜刃，以刺伤季氏斗鸡。裁判平子对郈氏之举很是不满，最后，他判定季氏斗鸡取胜。若从此时算起，斗鸡活动在我国则有2000余年的时间了。其后，养鸡、斗鸡活动愈为流行。《庄子·达生》曰："纪渻子为（齐）王养斗鸡"。《列子·黄帝》中还有一段驯养斗鸡方法的记载：

"纪渻子为周宣王（司马彪注《庄子·达生》谓'齐王'）养斗鸡，十日而问鸡可斗已乎。曰：未也，方虚骄而恃气。十日又问。曰：未也，犹应影响。十日又问。曰：未也，犹疾视而盛气。十日又问。曰：几矣，鸡虽有鸣者，已无变矣，望之似木鸡矣，其德全矣。异鸡无敢应者，反走耳。"

上引文字并见于《庄子·达生》。从时间上看，驯鸡需要 40 天左右的时间。而且，在每一个驯养阶段，鸡的反应与表现都不同。《战国策·齐策》说，齐国京城"临淄甚富而实，其民无不吹竽鼓瑟，击筑弹琴，斗鸡走犬"。可见斗鸡深受时人喜爱，是百姓娱乐消闲的一种活动方式。汉时，斗鸡之风日愈浓郁。晋人葛洪《西京杂记》卷 2 称，刘邦之父当上"太上皇"后，从故乡丰沛（今江苏徐州）移居京师长安，但情绪低落，抑郁不欢。他自称这是由于他"平生所好，皆屠贩少年，酤酒卖饼，斗鸡蹴踘，以此为欢。今皆尤无此，故以不乐。"由此可以看出，秦汉时徐州斗鸡之风是何等的浓郁。刘邦闻知后，为使得其父心情灿烂，便在京兆之地"作新丰"，把包括斗鸡徒在内的一批人从故乡移至京师。

「西魏第 285 窟南壁 斗鸡图」

汉代斗鸡游艺的流行，使斗鸡者开始注重不同品种的雄鸡，并根据其特性，对之进行针对性的驯养。汉代文献中就专门记有各种斗鸡的产地，如体大雄健的斗鸡产于四川，而小巧玲珑的斗鸡出自湖南等。

斗鸡者为取得胜利，往往是绞尽脑汁，投机取巧，或为斗鸡装上铁距，或在鸡头上涂上狸脂，让对方斗鸡闻之而气馁、望之而畏缩。汉魏时曹植有《斗鸡诗》曰：

“群雄正翕赫，双翘自飞扬。挥羽激清风，悍目发朱光。觜落轻毛散，严距往往伤。长鸣入青云，扇翼独翱翔。愿蒙狸膏助，常得擅此场。”

其中“愿蒙狸膏助”说的就是用狸脂作为斗鸡取胜的重要手段。因为狸是善于捕捉家禽的动物，鸡最惧怕狐狸，对狸脂气味敏感和惧怕。另外，还有人斗鸡时，在自己的鸡翅上撒些芥末子的粉末，两鸡相对煽动翅膀，强辛辣味可刺激对方斗鸡，从而达到伺机取胜的目的。后周庚信之《斗鸡诗》中的“狸膏熏斗敌，芥粉漫春场”句，说的就是这一情况。

与以往历史相比，唐朝的斗鸡之风更盛，时人陈弘祖的《东城老父传》记载，当时“诸王、世家、外戚家、贵主家、侯家倾帀破产，市鸡以偿其值”。真是“上有所好，下必更甚焉”。王孙公子、文人墨客无不以斗鸡走马为乐，就连一般百姓也赶时髦，争先恐后地加入到斗鸡行列中，家境贫寒无资购鸡者，就以玩木鸡为乐。可以这么说，唐朝的斗鸡达到了历史时期斗鸡活动的巅峰。

自唐朝以降，贤士大夫等上等阶层的人物对斗鸡似不屑一顾，视之为只有无业游民才乐此不疲的活动，但丝毫不影响民众对斗鸡的喜好。

明朝时期，民间斗鸡之风颇浓，“斗鸡走狗之徒”比比皆是。明浙江乌程（今湖州）人朱国桢在《涌幢小品》中说：“博鸡者，……不事产业，日抱鸡，呼少年博市中。”长兴（今浙江长兴）人臧懋循有一首名为《咏寒食斗鸡诗》，对明朝的斗鸡盛况进行了描述：

“寒食东郊散晓晴，笼鸡竞出斗纵横。飘花照日冠相映，细草寒风翼共轻。各自争能判百战，还谁顾敌定先鸣。归来验取黄金距，应笑周家养未成。”

明时著名的文学家、“公安派”代表人物袁宏道在《山居斗鸡记》中记叙了一孩童帮助一孱弱的小鸡和一只凶狠硕大鸡相斗的故事。适值这个孩子反复帮助弱鸡同强鸡相搏时，有两个儒生从此路过，取笑孩童说：“我未见人而乃与畜类相搏以为事也！”孩童闻言，反驳说：“较之读书带乌纱，与豪家横族共搏小民，不犹愈耶?”两书生无地自容地离去。与此孩童借斗鸡之事批驳时事相比，下面的袁某人路见不平、拔刀相助的义举，更堪称为斗鸡者的豪举。

“吴中四杰”之一的高启在《博鸡者事》书曾说：“博鸡者袁人，素无赖，不事产业，日抱鸡呼少年博市中，任气好斗，诸为里侠者皆下之。”但是，当乡人告诉他说本州有位“清官”遭人谄害而被免官时，他无比气愤，挺身而起，凭借自己的一腔热血和机敏的智慧，非但替那位官员官复原职，而且还惩罚了当地的恶霸，“方是时，博鸡者以义闻于东南。”斗鸡之风之盛，促使当时的社会上出现了专门从事斗鸡的民间组织——斗鸡社。文学家张岱《陶庵梦忆》卷3“斗鸡社”条载：“天启壬戌（公元1622年）间好斗鸡，设斗鸡社于龙山下。”

从理论上讲，鸡为阳物。按古代的“月令”来讲，“清明”是“阳”气上升而“阴”气下降的时节，所以，从唐朝开始，就把每年的清明定为“斗鸡日”。在江南的一些地区，清明时节，斗鸡者常常在场墟上用围席圈出一小块场地，找好“裁判”，并立下规则，用钱、物作抵押，开始斗鸡“大战”。为此，时人陈褚赋《斗鸡东郊道诗》曰：

> “春郊斗鸡侣，捧敌两逢迎。诡群排袖出，带勇向场惊。锦毛侵距散，齐羽杂尘生。还同战胜罢，耿介寄前鸣。”

时至今日，斗鸡在我国包括长江流域在内的广大地区依旧流行。如徐州自古就是我国斗鸡的故乡，显示剽悍体魄、弘扬尚武精神，是徐州民间兴起斗鸡活动的内在原因。千古良品一脉传。现在，这里的斗鸡仍红红火火，欣欣向荣，养鸡、斗鸡水平不仅处于长江流域各地的前列，而且在全国还有一席之地。这一“成就”的取得，与这一地区独特的一套“斗鸡经”有关。

徐州作为“斗鸡故乡”，其斗鸡水平绝对不能低估。古代如斯，今天亦然。1991年2月14日在北京举办的全国首届“龙潭杯”斗鸡大奖赛上，徐州代表队参加比赛的5只斗鸡，一路上闯关夺隘，过五关斩六将，所向披靡无敌，经过7天28场次的紧张而又激烈的较量，一举击败对手，夺得了团体冠军，显示了徐州地区的斗鸡水平。

(二)水乡斗鸭

与斗鸡相比，斗鸭活动不仅出现时间较晚，而且还不大常见，仅限于江浙湘鄂赣等江南水乡地区。因此，斗鸭之娱一般鲜为人知。

斗鸭活动究竟源于何时，尚难定论。从有关文献看，它似乎起于西汉时期。葛洪在《西京杂记》卷2中曾写道："鲁恭王（西汉景帝之子）好斗鸡及鹅雁"。此时的斗鸭，大多为富贵之家子弟的专利。不过，自是以降，斗鸭之风日浓。由于鸭子行动笨拙，进退迟缓，人们往往设置栏园，以供斗玩鸭者之用。据《三国志·吴书·陆逊传》记载，建昌侯孙虑十分爱好斗鸭，吴大帝孙权"黄龙元年（229年），……建昌侯虑于堂前作斗鸭栏，颇施小巧"。此举遭到前来巡视的孙权训斥："君侯宜勤览经典以自新益，用此何为?"万般无奈的孙虑只好"即时毁彻之"。宋代范致明的《岳阳风土记》说，临湘的鸭栏矶，就是"建昌侯孙虑斗鸭之所，陆逊尝谏止之，与白螺山相望"。

「斗鸭阑干独倚」

魏晋南朝时，江南水乡的斗鸭之风日盛，丝毫不亚于斗鸡之俗，似有取代斗鸡之势而成为一种时髦游艺活动。《南史·王僧达传》中"于扬列桥观斗鸭"之事即为其中的一例；晋时吴郡人蔡洪，还专门为斗鸭活动撰写了《斗鸭赋》。五代时，关于斗鸭的诗词更是多不枚举，南唐宰相、词人冯延巳的《谒金门》一词，就描绘了一女子倚凭栏杆观看斗鸭的场景：

> "风乍起，吹绉一池春水。闲引鸳鸯香径里，手挼红杏蕊。斗鸭栏杆独倚，碧玉搔头斜坠。终日望君君不至，举头闻鹊喜。"

是词以景托情，因物起兴，虽然描绘的是女子个人的哀怨、期盼，但其时斗鸭的场景历历映入人的眼帘。

斗鸭既可在陆上进行，也可在水上开展。经唐宋时期的发展、蔓延，斗鸭活动已成为一项比较流行的游艺活动。《新唐书·齐王祐传》说齐王

“祐喜斗鸭”；唐朝江夏（今湖北武昌）人李邕的《斗鸭赋》中关于斗鸭情景的描写，充分说明这一时期斗鸭之流行：

“集如异国之同盟，散若诸侯之背约。迭为擒纵，更为触搏。或离披以折冲，或奋振以前却。始戮力兮决胜，终追飞兮袭弱。耸为惊鸿，回疑返鹊。逼仄兮制裔，联翩兮踊跃。忽惊迸以差池，倏沉浮而闪烁。”

是赋用拟人的手法，极尽修辞之能事，把群鸭在水中搏斗的场景描绘得淋漓尽致，令人眼花缭乱，目不暇接，展现了与斗鸡相异的情趣：水面上，羽毛斑斓的斗鸭“或离披以折冲，或奋振以前却”，一只只斗鸭或“如异国之同盟”而聚集，或“若诸侯之背约”而离散。“迭为擒纵，更为触搏”，“始戮力兮决胜，终追飞兮袭弱”。

说起唐代斗鸭，还有一则关于文学家、诗人陆龟蒙的趣话。陆氏为长洲（今苏州）人，心志高傲，怀才不遇，隐居于甫里（今苏州角直）。陆龟蒙平生爱好有四，写作、品茗而外，还嗜好斗鸭、钓鱼。陆氏擅长相鸭、训鸭。认为善斗者须体大但不肥，两翅宽大，颈脖粗长，脚蹼大厚，同时还要毛纯色亮、叫声宏壮，善于飞翔。平时要求仆人驯练斗鸭，有固定必修科目。驯练达标后，再施教绝招。经他调驯的鸭子，无不强悍善斗，闻名于一时。据说有一次，陆龟蒙带一只绿头鸭外出参加比赛。赛场上各类神鸭云集，其绿头鸭堪谓“鸡立鹤群”，不为人注目。比赛中，其对手是一只十几斤重的大灰鸭。大灰鸭先声夺人，穷斗不舍。绿头鸭忙于招架，唯恐避之不及。几个回合下来，绿头鸭貌似力不可支。此时，陆龟蒙发出进攻信号。只见绿头鸭腾跳而起，稳稳落在大灰鸭背上，双脚紧紧扣住对方翅膈窝，用嘴猛啄其眼睛。大灰鸭迭迭惨叫，剧烈抖动身躯，试图甩下对手。绿头鸭不急不躁、不慌不忙，用力猛啄对方颈部。大灰鸭颈断而瘫，生息涣散，终而慢慢死去，比赛最终以绿头鸭的完胜而告终，陆氏的名声自此远播遐迩，人称其斗鸭为“龟蒙鸭”。然而，这只善战的斗鸭，最终不是牺牲在斗场上，而是殒命于人手。

唐人于逖所辑《闻奇录》记载说：

“陆龟蒙才名播海内，居吴中，然性浮薄。时有内官，经长洲，于水滨见一花鸭，弹之而毙。守者告之，乃乘小舟，修表章，告内官曰：

‘某养此鸭，能人言；方欲上进，君何杀之?’乃将表示之。内官惊而且惭，酬之银盎。临行询之，竟解何言语。陆曰：‘教来数载，能自呼其名尔!’”

对于这件事，宋人杨亿也有一段描述的文字，其《杨文公谈苑》“鸭能人言”条曰：

“陆龟蒙居笠泽（今江苏吴江一带），有内养自长安使杭州，舟经舍下，弹绿头鸭，龟蒙遽从舍出大呼云：‘此绿鸭有异，善人言，适将献天子，今将此死鸭以诣官。’内养少长宫禁，信然，厚以金帛遗之，因徐问龟蒙曰：‘此鸭何言?’龟蒙曰：‘常自呼其名。’内养愤且笑，龟蒙还其金，曰：‘吾戏耳。’”

两段文献的具体描述文字有所不同，但无不反映了陆氏喜好斗鸭的事实。从一个侧面折射了唐代民间斗鸭活动的风靡情形。

斗鸭不仅是一种社会民俗现象，同时也是一道文化风景线，古代不少诗词歌赋以之为题材、主题或内容，留下大量的名篇。除以上所引有关外，具体如唐朝诗人张说有描绘巴陵（今湖南岳阳）一带民间早春斗鸭场景的作品《同赵侍御巴陵早春作》：

“江上春来早可观，巧将春物妒余寒。水苔共绕留乌石，花鸟争开斗鸭栏。”

宋词则有晏几道的《鹧鸪天·斗鸭池南夜不归》：

“斗鸭池南夜不归，酒阑纨扇有新诗。云随碧玉歌声转，雪绕红琼舞袖回。今感旧，欲沾衣，可怜人似水东西。回头满眼凄凉事，秋月春风岂得知。”

斗鸭池往往成为文人流连的场所，其情景也常常成为触发文人雅士抒发情怀、感伤身世的引子。

但是，明代之后，关于斗鸭游戏的记载日益稀少，似乎渐渐淡出历史舞台。

载歌载舞

歌舞游艺或发轫于劳作，或盛行于节庆。它基本上是民众有感而发，由情而兴，是民人的真情流露，反映了其理想、意志、情操和生产、生活的乐趣。当你徜徉于大江南北各地，你总会不时地欣赏到诸如劳动歌舞、时节歌舞、祭祀歌舞等颇具地域特色歌舞游艺。

劳动歌舞

(一)颇具南国风情的秧歌

这里的“秧歌”，即指农民插秧时的歌唱娱乐活动，也指由此而发展的“扭秧歌”的表演形式。

“民以食为天”。我国自古就是一个农业大国，农业生产在社会生活中占有绝对重要的地位。而在稻作为主的长江流域，人们把按时插秧看作决定一年收成好坏的头等大事，为表示重视，人们往往在插秧前相聚，以歌舞相庆，借此寄托对丰收的祝愿。古时有关诗词及文献对此有较多的记载。如清代项朝棻有诗曰：

“插秧时未至，先听踏歌行。挝乱细腰鼓，唱高丰岁声。”

王安石也有诗对南宋时江南插秧前的歌舞表演情况进行了描述：

“宿雨清畿甸，朝阳丽帝城。丰年人乐业，垄上踏歌声。”

所谓“踏歌”，就是插秧时唱的秧歌。南宋画家马远的《踏歌图》，对踏歌的情景进行了形象的描绘，而上引王安石的诗句，曾被宋宁宗赵扩抄录在该图的上方。《踏歌图》是马远的传世名作，现藏故宫博物院。该图貌似山水画，实际是踏歌风俗画。整幅画描写的是春季雨霁云未收的背景下农人垄上踏歌而行的欢乐情景：画面的上半部奇峰雄峙，宫阙隐现，境界如仙境；中段则云烟漫衍，似蒙蒙雨雾散漫山谷；下半部左侧岩石高耸，中间及近处则田垅溪桥，翠竹绿柳掩映，几位农人垄上踏歌而行。形象而精准地表达了“丰年人乐业，垄上踏歌行”的诗意。

「马远《踏歌图》」

此后直至清代，踏歌都在江南地区盛行。如乾隆年间的周穆门《武林踏灯词》，即描写了杭州当时踏歌情况：“且看灯前村妇艳，插秧先试踏歌声”；而乾隆时编纂的《辰州府志》卷14“风俗”条则载录了湘西辰州府的踏歌活动：

“刈禾既毕，群事翻犁，插秧耘草。间有鸣金击鼓歌唱以相娱乐者。亦古田歌遗意。……立春日，……农人有以松针作秧插田中，击鼓群歌，以相贺春。元宵前数日……十岁以下童子扮演采茶、秧歌诸故事。”

从以上有关诗词及文献的记述可以知道，每当春耕插秧行将开始时，杭州、湖南等地农民都要身着节日盛装，敲着腰鼓，在田间垄上踏歌相庆，表示一切都准备妥当，就等开播下种了。

在两湖、安徽一些地方，农民有时在插秧的过程中口唱秧歌，以此来消除疲劳，提高插秧的速度，统一步伐，寓乐于劳作之中。如湖北江陵妇女下田插秧，不论老幼，皆爱唱五句子歌。在一片歌声中，一块田的插秧任务就会于轻松、快乐的气氛中不知不觉地完成了。此俗存行历史也极为悠久。

古时候，插秧是一件既消耗体力又讲究技术、技巧的高难度、高强度劳动，往往是一趟秧苗由几个人乃至数十人同时插栽，用一两根长长的绳子作为标尺，所有人的一切动作，如弯腰、换手、挪腿、接递秧苗把等都应协调一致，插秧时后退行进的速度也保持基本平行，确保所栽插秧苗在行、株距上整齐、笔直。因此，插秧时常常击鼓唱歌，以此来调整速度，统一节奏，人们跟着鼓声及歌声的节奏来协调动作，缓解劳作疲劳。道光《晃州厅志》在介绍湖南晃州（今湖南新晃侗族自治县）这一风俗时说：

“岁，农人连袂步于田中，以趾代锄，且行且拔。塍间（田埂上——引者注）击鼓为节，疾徐前却，颇以为戏。”

从中不难看到当时农民肩并肩在田间边插秧、边随着鼓点进行集体歌唱的娱乐场景。原本繁重、繁忙的插秧，在一片此起彼伏的声声秧歌中变得轻松、快捷。

纵然是插秧时的休息间隙，农民亦会充分利用这段短暂的时光，以秧歌相娱。同治《宁乡县志》卷44“礼仪民俗”曰：

“四月，……分秧播田，盈塍接陇，以酒肴布地，盐蛋尤夥，欢呼酣饮，歌声遍阡陌。或有以锣鼓节曲者，谓之‘打山歌’，亦曰‘插田歌’。谚云：‘插田不打歌，谷少稗子多。’”

湖南宁乡插秧以盐蛋作佐酒肴物，而江汉平原的许多乡村，每到插秧时，则要把存放了一冬一春的腊肉拿出来吃，或蒸或炒，其味郁香，据说吃了这种腊肉，插秧时浑身是劲，不觉疲劳。

按说，从事插秧农事的应是男人。但在湖北省公安县，从清朝时起，妇女就是插秧的主力军，男人只在田埂上敲锣打鼓助威，或送茶水、秧把，妇女则一边插秧，一边随锣鼓节奏唱着秧歌，丝毫不觉劳累。当人们问为什么会这样时，回答是男人手脚活动迟钝，比不了女人轻捷、快速。就是在今天，江汉平原的插秧高手仍是妇女，秧歌飘荡从未间断过。

「 清代秧歌 」

秧歌除了人们在插秧中唱歌这种表现形式外，尚有另一种歌舞表演形式，即人们在劳动之余的扭秧歌。

关于这种秧歌的历史渊源，或以为可上溯到古老的“农作舞”及其后来的“村上乐”。唐朝杜佑《通典》说，神农时代有乐名为《扶犁》（又叫《下谋》、《扶持》）。《路史·后记》记载说，远古时代，神农氏发明耒、耜等生产工具，教会百姓从事农业生产，天下大稔。于是，神农氏命令自己的部下刑天作《扶犁》之乐，以庆祝丰年。这种音乐以土鼓伴奏，舞蹈动作大概都是模仿农民劳作的姿势，与古老的“农作舞”极为相像。《后汉书·祭祀志》有段文字曰：

“汉兴八年（前199年），有言周兴而邑立后稷之祀，于是高帝（即汉高祖刘邦）令天下立灵星祠。言祠后稷而谓之灵星者，以后稷又配食星也。……舞者用童男十六人。舞者象教田，初为芟除，次耕种、芸耨、驱爵及获刈、舂簸之形，象其功也。”

毫无疑问，这种祭祀舞源于田间劳作，既能反映出其主题——祭祀后稷，又符合当时人们的生产实际。

宋时，“农作舞”演变为特色显著的歌舞游戏——“村田乐”。舞“村田乐”者身穿蓑衣，头戴草笠，一副农夫的装束，穿梭于元宵节民间歌舞队的表演中间。宋人范成大在记述今苏州这一表演活动时写有一首《上元纪吴中节物俳谐体三十二韵》，其中一段云：

“轻薄行歌过，颠狂社舞呈。村田蓑笠野（原注：《村田乐》），街市管弦清。”

周密在专记杭州之事的《武林旧事》中亦有这一方面的记载。而由“村田乐”发展为扭秧歌，其时间则在清代，长江流域自然亦不能例外。清代吴锡麟的《新年杂咏抄》有这方面的记载：

“秧歌，南宋灯宵之‘村田乐’也。所扮有耍和尚、耍公子、打花鼓、拉花姊、田公渔妇、装态货郎、杂沓灯街，以博观者之笑。”

自此，扭秧歌在长江流域的许多地区流传开来，且风格多样，表演场面壮观，观者如潮，摩肩接踵，锣鼓声、欢笑声交织在一起。

秧歌调在黄河、长江、淮河流域各不相同，且名目繁多，由此引发出不同的舞蹈、歌唱形式，安徽北部地区的花鼓灯赶牛调乃为其中之一种。

在淮河两岸，农人放牛时常常唱放牛歌，春耕秋种时爱唱使牛歌，农民锄草耘田时又唱锄头歌，声调高亢激越，委婉悠扬，充满激情与温情，表现了对劳动与自然的热爱，具有浓郁的乡土气息。长此以往，耕牛似乎受到此类赶牛调乡土文化的“熏陶”，耕作特别卖力。淮河两岸的秧歌主要是农民从事栽秧劳动时唱的歌，其内容涉及祝福、庆丰收和歌唱自然风光等等；乃后，发展到两人、多人对歌，有对花名的，也有对古人名的，青年男女也有对情歌的。比如《对花名》：

“什么弯弯挂天边？什么弯弯水上颠？什么弯弯长街卖？什么弯弯娘面前？”

“月儿弯弯挂天边，船儿弯弯水上颠，镰刀弯弯长街卖，梳子弯弯娘面前。”

农民插秧完毕，劳动告一段落，就要兴高采烈地打起锣鼓，唱起秧歌，边歌边舞，这就是流行于安徽怀远、蚌埠、凤台、凤阳等地的“花鼓秧歌”，即花鼓灯的雏形。后来，经民间艺人的不断加工、整理，并广泛吸收其他民间歌舞的特点，逐步形成了具有浓厚地方特色的游艺形式——淮上花鼓灯。花鼓灯作为从秧歌中衍生出的民间游艺活动，在江淮大地上开展得如火如荼，深受江淮人民的喜爱。

(二)茶歌飘扬

“茶圣”陆羽在《茶经》卷上说：

> “茶者，南方之嘉木也。一尺、二尺乃至数十尺。其巴山陕川，有两人合抱者，伐而掇之。”

我国发现茶树并使用茶的历史，最早可追溯到传说中的神农氏时代。《神农本草经》载：“神农尝百草，日遇七十二毒，得荼而解之”。“荼”，古书上说的一种苦菜，但在古代，“荼”、“茶”相通，这条记录是说神农氏为考查对人有用的植物而亲尝百草，以致多次中毒，得到茶方自解救。可能因为这一原因，陆羽说：“茶之为饮，发乎神农氏。”《本草经》的记载虽不足信，但它足以说明一点，即中国在发现茶、使用茶的历史方面，无论是西方国家，还是东方其他国家都是无法比拟的。正因为茶有解毒之功效，陆羽称之为“嘉木”。

茶最早原产地，可能为今四川一带。晋代常璩的《华阳国志·巴志》记载说，先秦时，位于今川东的巴国境内“果实之珍者”就有“香茗”；武王伐纣时，包括巴、蜀之师在内的西南诸夷应周王之征随行。克殷后，周王“以其宗姬封于巴，爵之以子”，按照西周宗藩规定，藩属巴国向朝廷纳贡地方特产，茶在其中之列。自此，茶从巴蜀之地传入关中。不过，这些都是较晚的记载。较早记载四川产茶的文献，应该是西汉时期司马相如《凡

「陆羽书《茶经》」

将篇》，作为识字启蒙教材，从药理方面讲到茶：“乌喙，桔梗，芫华，款冬，贝母，木檗，蒌，芩草，芍药，桂，漏芦，蜚廉，藿菌，荈诧，白敛，白芷，菖蒲，芒硝，莞椒，茱萸”。《凡将篇》今不存世，赖《茶经》而传。《四库全书总目提要》说：“《茶经》《七之事》所引多古书，如司马相如《凡将篇》一条三十八字，为他书所无，亦旁资考辨之一端矣。”《凡将篇》中“荈”，即为采摘时间较晚的老茶。如晋郭璞注《尔雅》说：“早采者为荼，晚取者为茗，一名荈。”乃后，关于四川产茶、民间用茶的记载屡见。如西汉辞赋家、巴蜀人王褒记述了他在四川时亲身经历的一件事。西汉神爵三年（公元前59年），王褒到煎时，遇见寡妇杨惠家发生主仆纠纷，他便为这家童仆订立了一份契约——《童约》，明确规定了仆者事役及其待遇。其中的“脍鱼炮鳖，烹茶尽具”、“牵犬贩鹅，武阳买茶”等句，是我国目前所见最早关于饮茶、买茶的记载，同时也是最早明确记载茶叶种植具体地区的史料。成都市郊出土的汉代宴饮画像中，也有民间饮茶的内容：3人室内宴饮，左一人头梳圆髻，似女性，手执耳杯，向主人敬递；右一人亦头梳圆髻，当女子，手执一物敬献主人。中间一人为主人，面前有几，上放一耳杯等。房后为楼阁、阙、树等。此后历史时期，茶叶始终是四川地区的特产，如《华阳国志·巴志》载称：涪陵郡“无蚕桑，……惟出茶、丹、漆、蜜、蜡”、“自西汉至晋，二百年间，涪陵、什邡、南安、武阳皆出名茶”。说明茶的种植在巴蜀地区十分普遍。另外，后世的考古，分别在湖南长沙马王堆西汉墓、湖北江陵马山西汉墓、浙江湖州东汉墓，都出土了陪葬的茶叶或储藏茶叶的青瓷，说明茶树的种植和饮茶，已遍及整个长江流域及其以外的一些省区，如福建、广东等。

「汉代宴饮画像砖」

每到严冬褪逝、春晖甫漾时，茶树广布的长江流域四川、云南、湖

南、湖北、安徽、江西、浙江等地的茶农，便开始了紧张而又繁忙的采茶劳动。采茶是非常辛苦的，但犹如茶叶苦中有甜的味道一样，采茶也给茶农带来了无限的希冀与乐趣。在绿水青山拥抱的茶园里，山风习习，茶农与雨露、薄雾、朝霞为伴。在这样的环境下，茶农体会到集体劳动中特有的欢乐，于是，他们便情不自禁地唱起了茶歌，翩翩起舞。有人认为，《诗·周南》中的“芣苢”就是上古妇女采摘野茶时唱的歌：

“采采芣苢，薄言采之。采采芣苢，薄言有之。采采芣苢，薄言掇之。采采芣苢，薄言捋之。采采芣苢，薄言袺之。采采芣苢，薄言襭之。”

茶歌既是茶乡百姓娱乐的形式，也是青年男女恋爱择偶的手段之一，关于这一方面的传说与故事可谓举不胜举。

安徽黄山毛峰是我国著名的佳茗。毛峰中的“屯绿”，又被誉为“绿色的金子”。上等屯绿，又名“茶宝”、“茶女红”。茶宝、茶女红中蕴含着一个美丽的爱情故事。据说，黄山脚下有一个孤女名为萝香。萝香不仅长得像初春茶叶般的娇嫩、花一样的美丽和动人，而且还采一手好茶，唱一手好歌。每当她进园采茶时，都要亮开嗓子，百灵鸟般地婉转歌唱。村里的小伙子对她爱慕十分，只要萝香上山采茶，小伙子们便尾随而至，以歌与萝香相对，其中以表达爱情内容为多。但萝香对此并不感兴趣，因为她早就有了意中人。可是，登门求婚者鱼贯而入，不绝于途，其中不乏达官贵胄、秀才书生及富商子弟。萝香不堪其扰，便向父老乡亲们说：萝香要用对茶歌的方式来确定自己的婚姻。农历三月八日，乡民云集黄山脚下，善歌者自然是跃跃欲试，不会歌者也不甘落后，富贵子弟更是趋之若鹜。对歌的结果是砍柴郎石勇最好，萝香最后嫁给了石勇。可县太爷因为自己的儿子未娶上萝香而大发雷霆，将石勇捆绑至县府拷打至死。萝香用自己亲手采的“茶宝”敷在石勇身上，并大声唱着茶歌，石勇因此而得救，两个有情人终成伴侣。

在长江流域的少数民族中，茶歌也十分流行，如湘西一带少数民族的少男少女就是以“踏茶歌”的形式选择意中人的。通常在半夜时分，小伙子与姑娘来到山间对歌传情，歌云：“小娘子叶底花，无事出来吃碗茶”。此时，姑娘便会以自己的心灵编织出一首又一首优美、动听的茶歌与小伙子对答，相互考察与传递情意。歌声此起彼落，接连不断，有时甚至通宵达旦。如果经过对歌，彼此发现情投意合，便决定进一步“下茶”，女方一旦接受了男方的“茶礼”，双方的婚姻便被人们认为是合乎情理的了。非但滇、川、湘、鄂诸地如此，即使是非产茶但又特别崇尚茶的少数民族地区也流行茶歌。如西藏，有关茶的民歌就很多。青年男女私订终身时，要唱定情歌，茶在歌中就被喻为爱情：

“两个袋里的糌粑合起来吃好吗？两个锅做的茶水合起来熬好吗？金手镯和银戒指可能交换吗？长腰带和短靴带可以交换吗？”

而且在西藏，许多茶歌还被用来表达汉藏人民之间的民族情谊：“你放一点茶，我放一点酥油，咱俩是否同心，请看酥油茶吧！”

「茶歌」

从上不难看出，后来的“茶歌”演唱，多少离开了采茶的现场场景，逐步上升为一种舞台艺术。这种转化，与采茶前的一种名叫“开茶园”的仪式有关。

相传每年春暖花开的采茶季节，茶农们在采茶前，都要举行“开茶园”仪式。仪式上，人们总要敲锣打鼓、载歌载舞地欢庆一番，采茶女身着红褂子、绿裤子，辫梢上扎系着红绸绳子，个个背着竹篓，一边象征性地采着新茶，一边齐声唱道：

“哥在河上撒鱼网，妹在山间采茶忙；鱼虾新茶长街卖，换来钱粮度时光。”

姑娘们清脆、甜润的歌声，随着一缕缕春风，飘荡在山间，传遍茶乡；同时，也越过历史老人的发际，代代相传，成为地域特色浓郁的民俗歌舞形式。清代光绪年间的《永明志》（今湖南江永县）卷3所载的一首《十二月采茶歌》曰：

“二月采茶茶发芽，姊妹双双去采茶，大姊采多妹采少，不论多少早还家。”

“三月采茶茶叶新，娘在家中绣手巾，两头绣出茶花朵，中间绣个采茶人。”

“七月采茶茶叶稀，茶叶稀时整素机，织得绫罗两三丈，与郎先作采茶衣。”

时至今日，类如这样的采茶歌在长江流域十分常见，赣南山区的采茶歌表演便是其一个缩影。

章江、贡江是江西最大河流赣江的两大支流。章江、贡江两岸的群山上，密布着油绿的茶园，每年时值冬逝春临、新茶吐绿之际，各地的采茶歌便要开演了。

一座座小小的山村，虽没有剧院，但仍不乏理想的舞台——祠堂前的场院。每当夜幕降临时，只要不是阴雨天气，场院上就高挂起汽灯，雪亮的灯光炽射着一片黑压压的人群。待那一阵铿锵悦耳的开场锣鼓响过之后，一声声曲调悠扬的古箫声，像月下飞出山涧的甘泉，汩汩地沁进人们的心田。此时，一队装扮优雅的少女，手持花篮，踏着轻柔的箫声，缓缓地走进场院里，一边轻声唱着《十二月采茶歌》，一边翩然起舞。舞蹈动作以采茶、揉茶、炒茶、烘茶为序，摹拟茶乡生产劳动的不同情况。这时，舞场四周高高低低的板凳上，坐满了伸脖挺腰、兴致勃勃的男女老少，一双双眼睛一眨也不眨地欣赏着多姿多彩的舞姿，那凝神贯注的情形儿，简直无法描绘。但到精彩和高潮之处，观众会不时地报以阵阵掌声和笑声。人群中有时有滑稽者像泥鳅一样地钻来钻去，模仿着场上演员的动作和神态，油腔滑调地唱道：“哥哥你走广东吔，妹妹我来送，哥呀你要给妹……”。场内场外也常常因为这一声声歌唱而释放出一阵阵笑声，台上台下的人们无不沉浸在欢快的海洋里。

据说在章江、贡江两岸的茶场，每个人都会唱一二首“采茶歌”，都能跳一二段“采茶舞”。纵然在平时，只要你踏上茶场的土地，那节奏明快、旋律优美的“采茶歌”就会随风飘至你的耳旁：

“山涧溪水清又清，清清溪水绕呀么绕茶林，春天哟，满山新茶满山歌，姐妹们，个个喜把春茶采，采呀采呀多采茶呀，千箩万箩采不尽，采呀采呀快采茶呀，千担万担采不完。”

采茶歌诞生于茶园的欢快劳动中，当它逐渐从特定的茶园场景中上升为一种舞台的歌舞娱乐形式后，它便广泛地流传。清朝末年，采茶歌在流行于广大茶区的同时，又开始向戏曲化方向缓慢地发展，从而出现了风行一时的“采茶戏”。江西南昌和赣南的采茶戏即较为著名。

南昌采茶戏源于清朝道光年间，由南昌地区的“茶灯”和“十二月采茶调”组合而成，后又融进了南昌地区的民间舞蹈。南昌采茶戏的表演诙谐风趣，声调动情优美，乡土气息浓郁，各种技巧的巧妙运用，使之妙趣频生。

善于表现喜剧与歌舞是南昌采茶戏的艺术特色，其传统保留剧目有四记：“鸣冤记”、“辜家记”、“花娇记”、“南瓜记”，俗称“南昌四大记”。

而赣南采茶戏则是由赣南诸地（主要是安远、于都、赣县、信丰和石城）的茶歌等民间歌舞与粤东采茶灯结合发展而成，并在客家人居住的地方广为流行。赣南采茶戏具有鲜明的地方色彩与浓郁的生活气息，其对白现在使用赣州方言，内容以反映赣南农村劳动人民的生产和生活情况为主，有喜剧、闹剧两种主要表演形式。音乐多采用唢呐加锣鼓伴奏的灯戏音乐和用“勾筒”（胡琴）主奏的采茶音乐，曲调有灯腔、茶腔、路调及彩调四种，最具特色的演技当数扇子花和矮子步，其风格幽默诙谐、轻松活泼。著名的戏剧活动家、剧作家、诗人田汉先生在观看赣南采茶戏之后，盛赞：“赣南采茶戏是百花园中的一朵奇葩！”

赣南采茶戏既是当地采茶歌长期发展、流行的结果，也是与外地采茶歌融合的产物。赣南自古盛产名茶，早在宋朝时，被誉为“唐宋八大家”之一的苏辙在任筠州（今江西高安）“盐酒税”时，就写过“采茶户外蒸黄叶”的佳句。在“茶乡”赣南，采茶歌与采茶灯活动流行，明朝中后期逐步演化为三脚班演茶灯戏。

明万历年间(公元 1573—1620 年),粤东采茶灯传入赣南,与安远九龙山茶区的民间灯彩相结合,演化为情节与人物简单的采茶小戏,即《姐妹摘茶》,后又经改造,创作了《卖茶》、《板凳龙》等剧目。从此,赣南采茶戏便正式出现了,并分三支向外迅速发展。

赣南采茶戏自 1954 年进城后，由几个“三脚班”发展为 16 个正规采茶戏剧团，诞生了一部部优秀的剧目，并在不同层次的汇演中取得了较好的成绩，深受百姓的喜爱。

时节歌舞与祭祀歌舞

(一)群狮竞舞

舞狮子在我国流传较久，相传在三国时代就有这类的表演。到了唐代，舞狮子因其壮观的场面而深受百姓欢迎，就连至尊的杨贵妃亦不甘寂寞，亲自加入舞狮子的队伍中，供玄宗观赏。

「古代舞狮图」

舞狮子游戏集中在春节至正月十五期间。其间舞耍的狮子有文狮、武狮、手狮和板凳狮等。各地的舞狮子都有其自身特点，具有浓郁的地方特色。一般地说，狮子的造型是大头、凸额、钩角，身形色彩斑斓，狮子头外壳由竹篾扎成，纱纸贴面，绸布作皮。耍狮子需要三人：一人舞狮头，一人舞狮尾，一人扮演大头和尚。耍狮人戴上乐哈哈的大头和尚面具，手拿大蒲扇或彩球逗弄狮子，其动作滑稽可笑。

文狮与武狮是两种常见的狮子舞。文狮着重于刻画狮子温文尔雅的神态，如舔毛、抖毛、搔痒、打滚等；武狮则突出表现狮子勇猛的性格，有跳跃、跌扑、登高、踩球与腾转等动作。

就长江流域而言，江西的手摇狮、四川的高台狮、上海的手狮和湖南的武打狮最为有名和突出，基本上可以反映出长江流域的舞狮子水平。

相传手摇狮在江西流传已有一百余年的历史，是当地人民在练习武术的基础上创造出来的，以金溪县一带流行最为广泛。其舞狮法与一般狮舞有异，它所表现的并非是那种勇猛雄壮的气魄，而是以小巧玲珑的结构和俏皮、活泼的表演，形成了别具一格的表演特色，其表演形式有 108 套，只是今天大多失传。

「 金溪县手摇狮表演 」

手摇狮表演时，一人舞球，一人舞青狮，一人舞黄狮。舞球者翻腾跌扑；舞狮者用下蹲步表现狮子的行进、蹲跳步表现狮子的纵跳、跪步表现狮子的静止、下蹲弓箭步表示狮子的俯伏与起跳，用“窜毛”表现狮子的翻斗，用“抢背”表现狮子打滚，并用手腕的力量不停地摇动小狮子以表示其舔毛、搔痒、扑球、叼球等各种动作。

手摇狮的玩耍难度较大，要求手脚配合、全身协调，因此耍弄者要有一定的基本功。许多人把单舞手摇狮当作是一种体育锻炼，常常是手舞板凳，赤臂苦练，纵是三九严寒季节，也会浑身是汗。

江西宜丰亦有元宵舞狮的习俗，而这一习俗的发端，还有一个流播甚广的民间故事。

传说明朝洪武年间（公元 1368—1398 年），宜丰县牌楼村有个名为周志文的人，经年在外做官，后告老返乡。他乘船途经九江时，见船尾有一节樟木紧随其后，周志文赶紧叫人捞起，将它带回村里，请民间巧匠将它雕为一尊菩萨。但无论如何，巧匠却雕塑不成形，周的随从说："从江中捞起前，这节尾随船后的樟木形似狮子。"于是，周赶快让巧匠将所剩的木头雕一对狮子。说也奇怪，这位巧匠很快就雕出了一对惟妙惟肖的狮子。因这对狮子的奇妙经历，牌楼村的周姓便将其奉为"神狮"。周姓神狮每年正月十一至十五开始闹元宵，由十六人轮番表演。与其他地方舞狮子相比，周姓舞的神狮有二人引狮，引狮人须面挂土地爷的面具，头戴黄帽，身着黄衣，一手执龙头木杖，一手握蒲扇，一边走一边舞。另有六人踩高跷，头扎红布，身穿黄色"兵"字背心，扮演唐僧师徒四人。神狮每到一处，都要鸣铳一百响开道，十多人鸣锣打鼓，数百人手擎三角旗或凉伞等。

四川的高台狮最精彩的表演就是狮子上高桌、登高台，即用几张方桌搭成高塔，最上面的一张桌子四腿朝天，狮子盘旋舞耍而上，在最上面的桌腿上跳玩，表演杂技、哑剧，动作十分惊险。有时，主人还将红封喜钱挂在长竹竿上，狮子登高用嘴将红封叼下。

关于四川高台狮，民间也有二则传说。相传尧帝时，五台山上有一头虽修炼数百年的金狮，但因没有被封赏而始终不能成仙。有一天，尧帝和诸大臣在殿上讨论事情，金狮闻讯跑来讨封。因金狮不会说话，便在殿下来回走动，见尧帝仍无动静，金狮便急着扑上金殿，用爪子抓尧帝的衣服。和合二仙见后，忙用神帚和金元宝将金狮赶下，并对尧帝说金狮是来讨封的。尧帝闻言，就封金狮为百兽之王，保四方平安，每年春节可到人间受万人香火。金狮立即叩头谢恩，离开金殿。自此，每年春节，百姓都要点烛焚香，迎接金狮下山同百姓一起过年，尧帝则派和合二仙拿金元宝逗弄金狮跳舞。至唐僧取经信奉佛教后，才将耍狮人由和合二仙改为笑和尚，还加上孙行者。

「高台狮表演」

又传说玉帝的七个女儿到人间玩耍，小女儿的脚突中冷箭。玉帝获悉后很生气，决定在正月十五这天派天兵天将到人间将凡人烧死。七姐妹不赞成父亲的意见，便偷偷下凡报信，要人间在正月十五这天敲锣打鼓、耍狮子。正月十五这天，玉帝看到人间热闹非凡，四处是燃烧的火，认为人间已遍地是火，就取消了派天兵天将焚烧人间的做法。后来，人间为感谢七位仙姑娘的相救，每年过春节、元宵节都要舞狮子，从而成为一种风俗。

手狮舞又称“手带狮”、“调狮子”，在上海已流传三四百年，它集灯彩、表演和杂技于一体，表演有较大的随意性，无固定的模式。

手狮舞用夸张的写意手法，表现出人舞狮的豪放之情及狮如人的欢乐情趣，具有浓厚的欢快、祥和与歌舞升平的大都市气息。提起手狮舞，老上海还会向你不厌其烦地讲述一段“北桥灯有志争气”的佳话。

辛亥革命爆发后，上海人为庆祝胜利，相约在北桥一带集灯庆贺。当时，人山人海，摩肩接踵，异常热闹。负责治安的警署见状后，严令禁止集会。群众气愤难忍，纷纷提出抗议，舞狮者也义愤填膺，毅然将狮了灯扔进警署，焚烧警署，以解心头之恨。

(二)土家族“摆手”歌舞

摆手歌舞是居住在湘西、鄂西、川东地区的土家族每年新春（正月初三至十七）举行的一种古老的群众性的祭祀娱乐形式，土家人称之为“社巴”（舍巴或舍巴巴），它是土家人纪念自己的先祖和祈禳祀典，更是土家人喜好的文化娱乐活动。可以说，摆手歌舞是土家人古老的祭祀仪式和欢乐的游艺相契合的民俗文化活动。

「土家族摆手舞铜雕」

土家族摆手舞源远流长。相传，武王伐纣时，巴人派师挥戈参战。《华阳国志·巴志》说“巴师勇锐，歌舞以凌殷人。前徒仰戈，故世称之曰武王伐纣，前歌后舞也”，致使商军溃败。刘邦战项羽，定三秦，也曾利用过这种军队。汉初，巴人歌舞因此“升堂入屋”，后进入宫室。《旧唐书·音乐志》曰：

“《巴谕》汉高祖所作也。帝自蜀汉伐楚，以板楯蛮为先锋，其人勇而善斗，好为歌舞，高祖观之曰：‘此武王伐纣之歌也’，使工习之，号曰《巴谕》舞。”

今天土家人的摆手舞，正是古代《巴谕》舞的遗存与发展。

摆手之所以被土家人称作“社巴”，就是取其摆手唱歌、边歌边舞的意思。这一集诗、歌、舞三位于一体的古老民间歌舞的起源，还与一段历史传说有关。

据说在唐代，五溪八峒巴人首领“八部大王”奉唐王之命，率师出征，屡立战功。但因唐明皇听信谗言，将“八部大王”毒死。“八部大王”的冤魂不散，每天夜幕降临时即大闹宫廷。唐明皇惊恐不已，便封他为“八部大神”，修建土王祠，以香火祭祀。“八部大王”的后人不忘其泽惠，每逢节日便去土王祠祭祀朝拜，唱歌、跳舞以悼念、颂扬和娱慰他。后来，巴人各村寨纷纷建立摆手堂，逢年过节跳摆手舞，自此成俗。

摆手舞因舞蹈时各套路之间的过渡动作为“摆手”而得名。摆手有单摆和双摆、上摆和下摆、竞摆、回旋摆、插花摆等形式。“摆手”是在土王祠的摆手堂进行。

摆手堂上，陈列着丰盛的祭品，先由主持祭仪的“梯玛”（从事祭神驱鬼的巫师，俗称“土老师”）进行庄严、肃穆的祭祀活动。土老师身穿法衣，头着凤冠，手执八宝铜铃，在摆手堂内念诵土话经文；然后，他带领大家行三跪九拜大礼；再后，他手拿一把竹扫把，在堂内做扫进扫出的动作，口中振振有词，将“五谷丰登”、“六畜兴旺”、“四季平安”和“人寿年丰”这样的好东西扫进来，把“口舌是非”、“打牌赌钱”、“杀人放火”和“乌烟瘴气”之类的坏东西扫出去；最后，土老师与大家一起跳摆手舞、唱摆手歌，玩“故事帕帕”。唱歌一般由土老师领唱，诸人和声。跳摆手舞时，舞者双手随着脚步的摆动，左手左脚，右手右脚，手脚同步运动，摆手不可高过肩膀。人们在锣鼓点的指挥下围成圆圈，或队列

「摆手舞」

两排，男女相携，翩翩起舞，击鼓鸣钲，舞蹈歌唱。整个摆手活动，短则通宵达旦，长则三五或七个晚上。因此，人们称之为土家族的“狂欢节”。

根据时间的长短、祭仪的繁简与歌舞的多少，土家族的“摆手”可分为“大摆手”和“小摆手”。大摆手舞的参加者多达千或万人，主要用于隆重的祭祀仪式，有的地方三五年举行一次，其舞蹈以出征作战、刺杀、对阵等象征动作为主，湘西龙山县的马蹄寨、农车、岩冲和古丈县等地，都以“大摆手”而出名。小摆手舞规模不大，一般只有百数十人，多在节日喜庆时跳，以正月初三至十五为主，有些地方还在暮春三月夜间进行。小摆手舞规模虽小，但其舞蹈动作丰富多彩，有反映农事活动的动作，如砍火渣、挖土、烧灰、耕田、撒种和薅草、插秧、打谷等等；有反映日常生活的动作，如打蚊子、打粑粑、扫灰、水牛打架等等；有反映狩猎生活的动作，如跳蛤蟆、磨鹰展翅、拖野鸡尾巴、踩山涉水、围猎撒网、赶猴子、犀牛看月等等；还有反映宫廷礼仪的动作，如土王宴会等等。这些动作简洁、精练，具有浓郁的生活气息，舞姿大方舒展，充分地表现了土家族人民粗犷、豪放的性格。

摆手舞演出时，土家男女老幼身着“西蓝卡布”（一种极具民族特色的织锦），手举龙凤大旗，扛着鸟枪和齐眉棍、梭镖，口吹牛角、土号、唢呐，点响三眼铳，降集在摆手营和摆手坎。敬神仪式完毕后，男女老少在锣鼓喧天、歌声动地中翩然起舞，颇为热闹。对此，清末土家族贡生彭施铎留有一首竹枝词加以描述：“福石城中锦作窝，土王宫畔水生波。红灯万盏人千叠，一片缠绵摆手歌。”整个“摆手”（主要是“大摆手”）活动以唱摆手歌、跳摆手舞、表演“毛古斯”和玩“故事帕帕”等最受民众的喜爱与欢迎。

摆手歌是土家族著名的史诗古歌，其篇幅宏大，内容十分古老、丰富，生活气息浓郁。全诗由四个组成部分，长达数千行。第一部分为“人类来源歌”，歌唱人类创造世界。先唱张古老制天，李古老制地，接着唱一女子吞了仙桃仙花，生下了八子一女。第二部分为“民族迁徙歌”，歌唱民族大迁徙，描述了土家先祖经长途跋涉，踏遍千山万水，克服艰难险阻，终于到达了土家人民繁衍、生息的地方。第四部分为“英雄故事歌”，是几首长篇叙事诗（如《将帅拔佩》、《百果女麻妈》、《梁家祖先》和《日开岩地开岩》、《着巴嫲妈》等等）。上述三部分是土家族世代传唱的经典，只有“梯玛”能唱，内容固定且庄严。第三部分为“农事劳动歌”，歌唱土家人和当地苗、汉兄弟共同生产、劳动的情况。其形式较为自由、活泼，是在祭祀之后，由“梯玛”或掌坛师带领众人到摆手坪去跳去唱，随着舞蹈与歌唱，从一月唱到十二月，逐月唱出土家人的生产劳动与生活情形。

土家人唱摆手歌，要唱一些即兴抒怀的短歌，如：

“打起锣鼓闹嚷嚷，嗬嗬吔，吔吔嗬！爵主爷爷坐中堂，嗬嗬吔，吔吔嗬！老者敬神添福寿，嗬嗬吔，吔吔嗬！少者敬神日安康，嗬嗬吔，吔吔嗬！”

在跳摆手舞时，还唱一些既给人以美的享受、又传播生产与生活知识的极富情趣的关于花鸟虫鱼、飞禽走兽、五谷蔬果和各种生产工具的盘歌，如《盘花》：

“天干三年结个瓜，那是一朵什么花？三岁孩子背娃娃，那是一朵什么花？两人要去走了他，那是一朵什么花？半夜起来走娘家，那是一朵什么花？”

“天干三年结个瓜，那是一朵柑子花。三岁孩子背娃娃，那是一朵枣子花。两人要去走了他，那是一朵桃子花。半夜起来走娘家，那是一朵核桃花。”

土家族的摆手歌及摆手舞，凝聚了其民族历史、风俗、艺术及语言精华，是土家族生产、生活与信仰的真实写照，被奉为土家族经典的传世瑰宝，具有极高的社会价值。因此，在土家族世代传袭，弥久不衰。如今，逢节日欢庆，土家人都要跳摆手舞、唱摆手歌，让人领略到无限的土家风情。

神人同乐

多神观是中国文化的重要特征。伴随着诸神信仰，民间出现了各类祭供、娱神的仪式和活动。娱神不是惟一目的，民人自娱自乐也是重要方面。各类神人同乐游艺，始终是长江流域璀璨的文化大花园中朵朵绚丽的奇葩，以其诱人的花蕊，散发出股股沁人心脾的馨香。

迎神与敬神

(一)迎神赛会与敬神社戏

迎神赛会主要是围绕迎接及送走神像而开展的民间娱乐活动。凡对神祇偶像树之以威仪，具箫鼓杂戏以迎送，是为“会”；主持活动的叫“会首”；荒僻之地不能举办赛会者，参加其他赛会的称“助会”；神像经过，设筵燃炬，士女迎拜，乃为“接会”。从此不难看出，迎神赛会包括有以下几个基本阶段或程序，即准备、迎神、出游和送神等。古时，迎神赛会涉及各行各业。嘉庆时的四川《夹江县志》记曰：

“民间赛会，从古蜡之遗也。田事而外，商贾、百工，各有由始，即各有所报。民于诸神，或生日，或塑像始期，皆谓之‘赛’，所谓索而飨之也。”

民间赛会名目繁多。如上引《夹江县志》就载有十余种主要赛会：正月初三，土地会；十八，二郎会。二月，妇女祀蚕神，以祈蚕；二月十六，城隍会。三月十五，财神会；二十八，东岳会。四月初一，萧公会。五月初一，炎帝会。六月初六，镇江王会，又祀青苗土地，以祈年；二十四，川主会。七月初二，璧山会。八月二十四，张爷会。九月初一，火神会；初九，葛翁会。十月初一，牛王会。每当赛会日，“乡人醵资演戏酬神，旗帜鼓吹，周游街市。虽事近戏亵，其报本反始之意，不可诬也。”

「迎神赛会图」

每一赛会都祭王祀神，其背后都有一典故。如每年农历六月二十四的川主会，即与李冰有关。众所周知，战国时期，秦昭王命李冰为蜀郡太守。李冰到任后，为发展农业生产，大力开展水利建设，其中以都江堰水利工程最为著名。几千年来，该工程为成都平原成为天府之国奠定坚实的基础，更是当地百姓福祉的保障。李冰病逝后，被四川百姓尊为“川主”、“川王”，并在都江堰修建二王庙来纪念李冰父子。李冰的生日是农历六月二十四，为表达对这位造福于一方的水利家的尊敬与崇奉，每年的这个时候，人们不约而同地云集二王庙，祭祀这位护佑一方水土的大神，并祈求风调雨顺、五谷丰登。而当地人则摆开长桌宴，款待远道而来的客人，不仅美味佳肴、乡土小吃任人品尝，而且一连几天的大戏让人大饱眼福。

正是由于迎神赛会有着广泛性而备受民众的欢迎，每逢赛会之日，观者如潮，摩肩击毂。此情此景，古人《看会诗》予以了惟妙惟肖的重现：

“看会良辰人碰人，人分男女汗津津。未成扮鬼先成鬼，枉把胭脂点绛唇。”

敬神社戏与中国农业社会有关。往古迄今，我国即以农立国，百姓以农为本，以农为生。自然，百姓就十分重视对农业生产有至巨影响的土地，奉之为神，称之为“社”，即土地神。为来年有个好收成，百姓在远古时就开始了祭祀土地神的做法。《礼记·祭法》：“共工氏之霸九州也，其子曰后土，能平九州，故祀以为社。”《礼记·月令》仲春之月：“择元日，命民社。”东汉郑玄注：“社，后土也。使民祀焉。”也就是民间祭祀土神。后来，逐渐演化出专门祭祀土地神的节日，即社日，且有春社、秋社之分。

春社和秋社一般分别是立春、立秋后的第五个戊日。《岁时广记·二社日》说：“《统天万年历》曰：立春后五戊为春社，立秋后五戊为秋社。”南朝梁宗懔《荆楚岁时记》说：“社日，四邻并结综会社，牲醪，为屋于树下，先祭神，然后飨其胙。”《礼记·明堂位》说：“是故夏礿、秋尝、冬烝、春社、秋省，而遂大蜡，天子之祭也。”郑玄注说：“春田祭社，秋田祀祊。”孟元老在《东京梦华录》卷8“秋社”中说：“八月秋社，各以社糕、社酒相赍送。”在历史上，不少诗人不惜墨彩来描述社日。杜甫的《神日》（二首）曰：

「绍兴风俗画《看社戏》」

“九农成德业，百祀发光辉。报效神如在，馨香愿不违。南翁巴曲醉，北雁塞声微。尚想东方朔，诙谐割肉归。”

“陈平亦分肉，太史竟论功。今日江南老，他时渭北童。欢娱看绝塞，涕泪落秋风。鸳鹭回金阙，谁怜病峡中。”

两首诗所咏均为秋社。每逢社日，百姓都要以仪仗、鼓乐、杂戏迎神出庙，周游街巷和村庄，并唱演社戏。诗人杨万里就曾目睹了社戏而写下了《观社》一诗：

“作社朝祠有足观，山农祈福更迎年。忽然箫鼓来何处？走煞儿童最可怜！虎头豹面时自顾，野讴市舞各争妍。王侯将相饶尊贵，不博渠侬一饷癫！”

此诗将观看社观时的感受及所闻真真切切地展现出来，令人不难想象当年社戏表演时的场景。长江流域的社戏以江浙诸地较为有名和突出。

（二）扬州城隍神会

城隍神会是城市迎神赛会的一种主要形式。我国古代称有水环护的城堑为“池”，无水环护的城堑为“隍”。所以，“城隍”一词，原意是指无水的护城河。但城隍在古代神话中又是守护城池的神，道教尊之为“剪恶除凶，护国保邦”的神，据说它是由《周礼》蜡祭八神之一的水庸神（水即隍，庸即城））衍化而来。

从历史记载来看，城隍有灵的记载最早见于《南齐书·慕容俨传》。北齐时，慕容在郢城建城隍，祈祷城隍保佑，结果如愿。从此，设庙祭祀，城隍成为城郭的守护神。唐代以来，郡县皆祭城隍，当时的张说、张九龄与杜牧等均有祭城隍文。后唐末帝清泰元年（公元 934 年）封城隍为王。宋代以后，奉祀城隍的习俗更为普遍。明太祖洪武三年（公元 1370 年），正式规定各府州县设城隍神祭祀，并去庙为坛，加封号，府城隍为公、州城隍叫侯、县城隍称伯，设座位官仪，为一方之长官。清代沿袭是法。

对于祭城隍，官府原有固定的时间与仪式，形式古板，气氛肃穆，参

「城隍神会」

加的民众颇觉不便，更不用言其枯燥乏味了。于是，民间便另起炉灶，自行规定时间和形式，开展赛会。每年的每月，几乎都有不同的地方祭迎城隍神。迎城隍神的基本程序是：把城隍神从城隍庙迎出，随后满街市周游，送到行宫厉坛，最后返回庙里。虽然城隍神设在城邑，但参加者并非仅为城镇民众，附近的乡民亦可参与，而且常常表现得十分活跃。清代李斗《扬州画舫录·城北录》对此有载：

> "厉坛即城隍行宫，每岁清明、中元、下元三节，先期羽士奏章，吹螺击钹、穷山极海，变错幻珍，百姓清道，香火烛天，簿书皂隶，男妇耆稚，填街塞巷，寓钱鬼灯，跨山弥阜。及旦迎神，于是开堂放衙，如人世长官制度。及暮，台阁伞盖，彩棚幡幢，小儿玉带金额，白脚呵唱，站立人肩，恣为嬉戏；或带锁枷诣庙，亦免灾难。银花火树，火焰竞出，爆竹之声发如雷，一时之盛也。"

由此可知，扬州举行城隍神会的时间有三，即清明、中元、下元三节日。神会前民众要做好执事仪仗、音乐、香火蜡烛、纸钱鬼灯及簿书皂隶等准备工作。准备停当后，妇孺老幼，遍布于街头巷尾，只盼神会的开始。是日，天刚放亮，迎神活动即告开始。人们模仿人间的衙门审判制度的形式，开堂放衙，迎出神像，送抵行宫厉坛，傍晚时分再将神像送回庙里。沿途是民众自发组织的庞大赛神队伍：成人抬台阁，举伞盖，拥彩棚，扛幡幢；儿童身佩玉带，额粉金痣，或坐、站在成人肩上，尽情戏耍。队伍所至之处，便是烟火、灯花鸣放之处，好一个火树银花的世界！

与扬州城隍神会相比，四川蓬溪地区的城隍神会时间则有所不同，为每年农历的六月二十四日，且乡民的参与情绪十分高涨。对此，道光年间的《蓬溪县志》记载说：

> "六月二十四日，城隍诞辰。先一日演剧，各乡民醵金结社，入城与会。或衬竹蒙纱，饰五色为画船，长约丈许，剪彩做朵朵莲花，绰

约掩映，装七八岁童子为驾娘，容与荡桨，三两成剧。舆抬以夜出，灯火荧煌，丝管嗷杂，不一队蜂拥历市廛，会于庙中。次日，城隍乘舆出，夫人驾从，警策在前，呵殿在后，旌麾曰卷，幢盖云屯，羽葆缁黄以仪卫，征镗铙以序鸣。选俊秀童子扮诸杂剧，以健卒舁之，层高累上，危出驾前。又，民间祈福禳灾，有缧绁以从者，有赭衣荷梭以出者，有自涂面为鬼卒、被发前驱者，有雕盘盛诸重器、肃衣冠而淳者。行队分明，香烟罨霭，诣历坛仍还至庙。一时拜者、兴者、献袍服者、供酒馔者、焚疏表者、妇女燃巨烛长跽持者，肩相摩，踵相接，阶以下无寸隙，有叩不得至地者，烛泪四溢，纵横成渠。于是，大门外俳优剧作，士女设棚幔，列坐观之，逢场不可数计。但见万首一黔，如蜂处房而已，凡四十日罢。”

从材料中可知，蓬溪城隍神会选在农历六月二十四日举行，因为在这一地区，传说城隍神诞生于这一天。人们在这一日开展活动，是纪念与庆祝这一诞辰日。举行神会的前一日，诸乡村民众就筹钱结社，打算进城参加神会。为保证神会的质量，准备工作做得十分精审。他们以竹篾作架，蒙以纱布，绘饰五彩，制作长达丈余画船，并以彩绸做成朵朵莲花对之加以衬托，把七八岁的男童扮成驾娘，荡桨泛舟，三三两两，成为小剧。准备妥当后，星夜起程，驱赶而进，一列列队伍张灯鸣乐，涌入街市，汇集于神庙。次日城隍神像乘舆而出，城隍“夫人”尾其后，“警卫”前后开道、押殿。仪仗队旌旗摇曳，遮天蔽日，幢盖如云，仪仗整齐、壮观，音乐声一阵高似一阵，不辍于耳。仪仗队刚过，便是潮水般的民众，神态各异的杂剧，惟妙惟肖，借以欢送神像。若想以此来消灾弭祸，或涂面披发，服刑自罚；或整衣肃冠，手奉贡品。神像周游一圈再返神庙时，霎时间，神庙的台阶下人山人海，或拜或兴，或献衣服，或供

「城隍神会」

佳肴。其后，神庙外俳优演戏，士女设棚挂幔，列坐观赏。演出的场次无法计算，围观者不计其数，“如蜂处房”。如此活动经久不衰，虽长达40天，人们仍乐此不疲。

(三)绍兴枫桥社戏

枫桥杨神庙社戏以其独特的魅力赢得观众：人物形象刻画细腻、生动，故事思想性强，表演传神，音乐优美动听。明末清初文学家张岱的《陶庵梦忆》卷4“杨神庙台阁”就曾对其时这里的社戏进行了记录：

> “枫桥杨神庙，九月迎台阁。十年前迎台图，台阁而已；自骆氏兄弟主之，一以思致文理为之。扮马上故事二三十骑，扮传奇一本，年年换，三日亦三换之。其人与传奇中人必酷肖方用，全在未扮时一指点为某似某，非人人绝倒者不之用。迎后，如扮胡楗者，直呼为胡楗，遂无不胡楗之，而此人反失其姓。人定，然后议扮法。必裂缯为之。果其人其袍铠须某色、某缎、某花样，虽匹锦数十金不惜也。一冠一履，主人全副精神在焉。诸友中有能生造刻画者，一月前礼聘至，匠意为之，唯其使。装束备，先期扮演，非百口叫绝又不用。故一人一骑，其中思致文理，如玩古董名画，一勾一勒不得放过焉。土人有小小灾祲，辄以小白旗一面到庙禳之，所积盈库。是日以一竿穿旗三四，一人持竿三四走神前，长可七八里，如几百万白蝴蝶回翔盘礴在山坳树隙。四方来观者数十万人。市枫桥下，亦摊亦篷。台阁上马上，有金珠宝石堕地，拾者，如有物凭焉不能去，必送还神前；其在树丛田坎间者，问神，辄示其处，不或爽。”

枫桥，在浙江绍兴诸暨东北。我们绝大多数人熟知枫桥，可能与烂熟于胸的“月落乌啼霜满天，江枫渔火对愁眠。姑苏城外寒山寺，夜半钟声到客船”名句有关。该诗名为《枫桥夜泊》，其作者为唐人张继。因此，通常自然将枫桥视作苏州阊门外的枫桥。然而，据学者考证，以“枫桥”为桥名，古代至少有5个，除上述苏州、诸暨外，还有江西黎川、福建福州、山东日照等，古人诗文对此均有提及；将枫桥作为镇名，也至少有2个：苏州和绍兴。苏州枫桥位于京杭运河分水处，古代往来船只多在这里停泊。枫桥与张继诗文关系至密，却并非诗因桥而闻名，而是桥因诗而得名。苏州枫桥原名“封桥”，后因张继这首诗而改名“枫桥”。但苏州枫桥没有杨神庙，只有寒山寺；镇上有杨神庙的，惟有绍兴。

“杨神庙”，又称杨相公庙，其神名杨俨，宋时曾被封为紫薇侯。但有关记载说，枫桥杨神庙社神柴、杨、潘三姓，土人均呼老相公。每年九月十五日，枫桥杨神庙会“赛柴、杨、潘三老相公，迎台阁”。而且有关三老相公被奉为神的事迹也差别很大，其一说杨俨“居冷水里，与潘、柴结义，宋时封紫薇侯爵。会邑中山寇窃发，见有神马夜逐之，寇即屏迹”；另一说则称“明患倭寇，（由于三神福佑，地方抗击倭寇）有神兵之助，当时请封为紫微（薇）侯，赛社仪卫如王者”，即三老相公被封紫薇侯是在取得抗倭胜利的明代，前后不一。

所谓“台阁”，又称迎太阁或抬阁，是我国历史悠久、分布广泛的表演社戏一种。周密《武林旧事·迎新》：“以木床铁擎为仙佛鬼神之类，驾空飞动，谓之台阁。”台阁在各地又有铁棍、桌子戏、龙阁等称谓。一般认为，台阁产生于南宋，发展于明代，繁盛于清代，主要用于迎神赛社或节庆演出。其表演形式，通常在一木制台架上把儿童或优伶分数层固定在竖杆上，装扮仙佛鬼神，配以图案背景装饰，由数人抬扛，在街道、广场上巡游表演。其情节以戏曲、传说、神话故事为主。古代台阁演出场面盛大，煞是热闹，如杨神庙台阁戏场，“四方来观者数十万人。市枫桥下，亦摊亦篷”。

绍兴枫桥杨神庙抬阁在每年九月十五至十七日举行，持续三日。在此之前，枫桥杨神庙的社戏与迎神赛会相差无几，仅限于迎送台阁，因而在观众中的反响平平。其后，骆氏兄弟出面主持，加强了表演节目的文学内容，有 20 余个故事和一本传奇，且演出剧目频频更换，即使连续演出几天，每天的内容亦决不雷同。演出前，要做认真的准备，进行彩排时，非众口称绝而不用。导演严抓排练，所选演员必与传奇、故事中的人物原型酷似，以至赛会结束后，人们直呼其所扮人物姓名，而忘其本来姓名。至于服装和道具之类的，其严格程度自不待言。所以，演出之日，观者如潮，观众百看不厌。

社戏演出水平较高，除了祭神原因外，还有一点就是观者的要求较高，那些滥竽充数或敷衍塞责的表演者，在观众审慎、挑剔的眼光里很难侥幸地蒙混过关。

如据《陶庵梦忆》卷4“严助庙”记载，明朝浙江会稽陶家堰严助庙（为祭祀汉代会稽太守严助而置）正月社戏，必日费数万钱，雇请当地上三班梨园戏子表演《伯喈》和《荆钗》（指南戏《琵琶记》、《荆钗记》）等剧目。观众中有特别较真的，竟有人坐在台下，捧着脚本对校台词，演出者哪怕错漏一个字，台下观众也会一片嘘声，鼓噪不已，只得开场重演。

又如据《扬州画舫录》卷5《新城北录下》记载，清朝扬州纳山有一胡姓的长老，他曾到扬州城里联系老徐戏班来乡间演关神戏，戏头因为他是乡下人，故意骗他，不仅声称戏班每天要吃火腿、喝松萝茶，而且演出费也是每剧三百金不可。孰料胡翁爽口应承。戏头哪里知道，这位胡翁非等闲之辈，他精于琵琶，擅长词曲，看起戏来丝毫不含糊。每天演出时，胡翁将三百金放在戏台上，供应物品，除火腿、松萝茶而外，别无他物。演出剧目为整部《琵琶记》。谁知演员演出时弄错了一个音律，胡翁便拍打戒尺，厉声斥责，演员无地自容。无独有偶，西乡陈集村演神戏，从城里请来的戏班在演出开始时漫不经心，故意乱演，开场不久，笙就损坏，哑口无音，演出者窘迫无比，无法下台。这时，观众詹政看到后颇觉可笑，便上台把笙稍加摆弄，谁知笙就发音如故，更令演出者羞愧难当。詹政不仅说明了为何笙无声，而且还当众逐条列出前几天戏班所唱曲调中哪个调岔了、哪个字错了，直把演员说得热汗直流。可见，百姓在观赏社戏时，非但将之看为娱乐形式，而且视之为精神享受，更是美的盛筵。

「杨州画舫录」

古傩遗俗

(一)"傩"说

余秋雨的《文化苦旅》曾专辟一节，对皖南贵池傩戏的表演进行了大概的描述，这或许是绝大多数人了知傩文化主要甚或惟一的途径。

> 作为一种文化形态，傩为传统文化中多元信仰、民俗和艺术有机融合的产物，具体有傩仪、傩俗、傩歌、傩舞、傩戏等多种形式。

所谓“傩”，学界通常释为古人驱逐疫鬼的仪式。但是，这个意义上的“傩”字，最初写作“难”，而“傩”的本义则是人“行有节度”，如东汉许慎《说文解字》、毛亨传《诗经·卫风》“竹竿”篇“佩玉之傩”等，都是这样说的；清代段玉裁《说文解字注》也指出：“此字之本义也，其驱疫字本作难，自假傩为驱疫字而傩之本义废矣。”

驱逐疫鬼之“傩”，在中国具有悠长的历史。《后汉书》“礼仪中”注引《汉旧仪》：

> “颛顼氏有三子，生而亡去为疫鬼。一居江水，是为疟鬼；一居若水，是为罔两蜮鬼；一居人宫室区隅，善惊人小儿。”

宋代高承《事物纪原》卷8“驱傩”条引《礼纬》说：

> “于是以正岁十二月，命祀官持傩以索室中而驱疫鬼”。

从“持傩以索室中而驱疫鬼”一语推断，“傩”应该是驱鬼用的道具，后世多以为是面具，面具因而被认为是傩文化的典型特征。论者认为，殷商时代就有后世的“傩”。如甲骨文中的“倛”字，郭沫若说，就是驱鬼者所戴面具。从考古发现来看，古代面具多为金属制品，如河南安阳殷墟西北岗、四川广汉三星堆出土的面具材质均为青铜，而后世则为木或布质，如贵州、江西各地面具现在多是木制，而藏傩中的一些面具则为布料缝制。古时面具因用于驱逐疫鬼，其形象多是凶猛狰狞的动物；晚近的面具，由于祭祀功能衰退和娱乐成分增加，适应各种情节需要，面具形象随之变化，并呈人物化、世俗化和个性化。《荆楚岁时记》：

“十二月八日为腊日。……谚云：‘腊鼓鸣，春草生。’村人并击细腰鼓，戴胡公头，及作金刚力士以逐疫。”

南宋陈元靓《岁时广记》卷40“为面具”引《岁时杂记》：

“除日作面具，或作鬼神，或作儿女形，或施于门楣，驱傩者以蔽其面。”

“胡公头”，即胡人头饰面具；“金刚力士”简称“金刚”，是中国古代神话中的神祇。据说女娲补天后，上天为不让四极折断，派4名金刚力士，即后世所称的“四大金刚”守护四极。金刚长30丈，凶神恶煞，力大无比，妖魔鬼怪畏惧。另外，被民间视为捉鬼拿妖干将的钟馗亦常常被用作面具。据清光绪初编撰的《昆新两县续修合志》记载，每年农历腊月至春节间，当地不少乡民涂面装扮钟馗驱鬼。面具在一些地方被视为圣物。如在江西等地百姓观念中，损坏了面具，会影响全村的吉利，一般人不能随便摸触，演出完毕存放回一个叫“信箱”的箱子里，放在傩神殿里储放。演出时，还要留下一个相同的面具在殿里镇庙。相传在清朝，一位表演者侄子玩戴面具，结果无法取下，只好在百姓跪拜后，将活人和面具一并掩埋。

「1986年四川广汉三星堆出土的金面罩」

“傩”在殷商时期的出现，或与商王上甲有关。《山海经》“大荒东经”记载说，商族首领王亥，赶着牛群前往位于今河北易水流域的易国，因淫秽事在那里被杀。上甲为替父报仇，借师河伯灭易，并创“禓”礼祭祀其父。按照《说文解字》“禓，道上祭”的说法，禓是一种祭祀非正常死亡者即“强死鬼”的仪礼，根据东汉学者郑玄注《礼记·郊特牲》“乡人禓”称“禓，或为献，或为傩”，那么上甲作“禓”礼亦即兴“傩”礼，只是这种傩礼为迎接其非正常死亡的父亲而于道上开展的祭祀，是迎领“强死鬼”，而非后世所说的驱逐疫鬼。

从有关文献看，后者意义的傩，至少在西周时期既十分普遍。如《周礼·夏官司马》：

> “方相氏，掌蒙熊皮，黄金四目，玄衣朱裳，执戈扬盾，帅百隶而时难，以索室驱疫。”

关于“难”的读音，郑玄注“乃多反”，即汉代“难”通“傩”；在唐代贾公彦《周礼》疏中，则将之径作“傩”。也就是说，周代职官方相氏执掌驱逐室内疫鬼的“时傩”仪法。所谓的“蒙熊皮，黄金四目”，就是披着熊皮、戴着黄金铸成的四只眼面具。傩祭时，方相氏披熊皮、戴面具，着红黑上衣，系红裙，手执戈、盾，率百名徒隶在宫廷内驱逐疫鬼。

按照《礼记》“月令”所载，西周宫室一年至少要定期举行3次“时傩”：季春之月“命国难，九门磔攘，以毕春气”；仲秋之月“天子乃难，以达秋气”；季冬之月“命有司大难，旁磔，出土牛，以送寒气”。“难”即“傩”。为什么在此3个月开展傩祭，具有一定的说法。按照中国传统阴阳学说，天地间充塞阴阳之气，阴气太盛则邪沴肆行，往往使人生灾害病，而厉鬼常乘虚而入为祸。为防止此类疫疠不幸之事的发生，周人常在春、秋、冬3季特定时间举行傩仪，抑阴兴阳。按照汉代郑玄、清代孙希旦等学者注说，农历三月虽阳气颇盛，但仍要“驱寒祛阴”，需以傩祭预防阴气致病；八月阴气开始上升，可以傩仪而御之；十二月阴气最盛，加之岁终，则需以大傩送阴气，“阴若不去，凶邪恐来岁更为人害”。3次傩祭不仅规模宏大，且气氛肃穆、礼仪隆重而庄严，仪式结束时，还要分裂牲体以祭宫门，永屏疫鬼于外。

周代傩祭旨在厌阴兴阳，促进阴、阳二气平衡，通过傩礼而达到阴阳调和、不生灾疠的目的，反映了中国文化中阴阳学说的特质。古人认为，阴、阳二气是构成世界万物的两大基本元素，世间万象，无论自然的还是人文的，都由阴、阳二气的相交相合的变化而形成。而世间如天灾、地异、物变、人祸等一切不端、不轨、不意、不道等行为或事象的产生，常有二气失衡尤其是阴气过盛所致。傩祭意在避免阴阳紊乱，特别是阴盛阳微，

「傩戏面具」

祛阴、送阴因此成为傩祭表象目的。当然，这种试图通过所谓“超自然”的术法来促使阴阳调和、进而驱逐疫鬼的做法，最终难免徒劳无益，毕竟通过文献，我们探知：中国古代的灾疫事件并未因傩祭之盛而有丝毫的减少。

先秦文献关于西周“时傩”的记载比较笼统，而《后汉书》“礼仪志中”一则对其时“大傩”的描述则相对较为具体，为便于全面了解其情，兹节录其文，以飨诸君：

“季冬之月，星回岁终，阴阳以交，劳农大享腊。先腊一日，大傩，谓之逐疫。其仪：选中黄门子弟年十岁以上，十二以下，百二十人为侲子。皆赤帻皂制，执大鼗（即拨浪鼓——引者注）。方相氏黄金四目，蒙熊皮，玄衣朱裳，执戈扬盾。十二兽有衣毛角。中黄门行之，宂从仆射将之，以逐恶鬼于禁中。夜漏上水，朝臣会，侍中、尚书、御史、谒者、虎贲、羽林郎将执事，皆赤帻陛卫。乘舆御前殿。黄门令奏曰：‘侲子备，请逐疫。’于是中黄门倡，侲子和，曰：‘甲作食凶，胇胃食虎，雄伯食魅，腾简食不祥，揽诸食咎，伯奇食梦，强梁、祖明共食磔死寄生，委随食观，错断食巨，穷奇、腾根共食蛊。凡使十二神追恶凶，赫女躯，拉女干，节解女肉，抽女肺肠。女不急去，后者为粮！’因作方相与十二兽儛。嚾呼，周遍前后省三过，持炬火，送疫出端门；门外驺骑传炬出宫，司马阙门门外五营骑士传火弃洛水中。百官官府各以木面兽能为傩人师讫，设桃梗、郁垒、苇茭毕，执事陛者罢。苇戟、桃杖以赐公、卿、将军、特侯、诸侯云。”

根据这段文字和刘昭注引文献，我们大概得知：

第一，季冬大傩原因和目的：季冬阴气至盛，大傩乃“扶阳抑阴”、“逐衰而迎新”。

第二，傩仪执事官主要是中黄门子弟（即10—12侲子）、中黄门、中黄门冗从仆射、黄门令、象人、百戏师等。据学者考证，他们基本是以阉宦为主体的黄门鼓吹和黄门倡优；而参加者，则包括皇帝、朝臣等公卿诸侯，以及将军、骑卫等武职与内侍等。

第三，仪式程序或过程有三，即唱和与群舞、持火逐疫宫门（端门）和传火弃洛水、宫门设桃梗及奖赐。唱和的内容，主要为甲作等啖吃鬼魅之神及其所食蛊、虎等鬼魅，将其过程联系起来，或可视作“驱鬼词”；舞者为司职傩仪的方相氏与由人饰演十二神兽，群舞表现的是诸神在方相氏的带领下的驱疫场景。持火送疫则为“以阳逐阴”，弃火于水则示之驱疫结束，“逐鬼投洛水中。……绝其桥梁，使不复度还”。仪式结束后，在宫门画设桃梗等物象以辟邪，其由来与桃木辟邪信仰和郁垒神灵崇奉有关。《淮南子·诠言》有“(后）羿死于桃棓”之说，棓即棒子，东汉许慎注：“棓，大杖，以桃木为之，以击杀（后）羿，由是以来，鬼畏桃也。”因为击杀后羿的棒子是用桃木做成的，桃木在民间因此就有驱恶辟邪之说。应劭《风俗通·祀典》“桃梗苇茭画虎”：“桃梗，梗者，更也，岁终更始，受介祉也。”可见桃梗非但可辟邪，而且还能佑享大福，是祥瑞之征。同时，又据刘昭注《后汉书》引《山海经》，东海中有座名为度朔的大山上，有一株巨大无比的桃树，据说其树根方圆蟠曲伸展达3000里，“其卑枝门曰东北鬼门，万鬼出入也。上有二神人，一曰神荼，一曰郁垒，主阅领众鬼之恶害人者，执以苇索，而用食虎。”因为神荼、郁垒二神主司缉捕恶鬼并食诸虎之职，“于是黄帝法而象之。驱除毕，因立桃梗于门户上，画郁垒持苇索，以御凶鬼，画虎于门，当食鬼也。”后世民间春节挂、贴桃符的习俗，最早很可能就滥觞于此。

「神荼与郁垒图」

东汉“大傩”与西周季冬“时难（傩)”既有关联，也有差异。

首先，从方相氏“黄金四目”等所着衣物、所执器物来看，汉代大傩

「南宋宫廷大傩图」

无疑踵承了西周时的固定法式，只是其驱傩过程或程序相对愈为复杂或具体，惟因西周时的有关记载较为省略，故而汉代这些复杂的程式，不知是西周祭礼的具体化，还是在继承前者基础上的进一步发展。

其次，汉代的“大傩”活动，在性质上与西周“时难（傩）”具有显著的不同。有学者指出，西周时傩方相氏的“狂夫”之舞，带有迷狂状态的巫术性质，其仪式的宗教祭祀色彩浓厚。而东汉大傩仪的主事者为黄门鼓吹和黄门倡优为主的乐官，中黄门与侲子相互唱和、方相与十二兽彼此为舞，参与者“嚾呼”不已，执事主体及相关活动内容的变化，反映了汉代的大傩具有极其明显的娱乐性质。汉代大傩场景盛大、人员众多、规模宏大和程序繁多，活动牵动朝野上下，主持、演出者数以百计，皇帝、朝廷大小官员参与、置身其中，歌舞、情节毕具，从另一方面折射了汉代大傩的“仪式戏剧”性质，具有娱乐性。汉代大傩的娱乐性，说明古代傩仪的娱人性质转向，并非像有学者所认为的是唐代才有的现象。

此后的傩礼，在顺承旧制的同时，又因时而变。如据《隋书》记载，北齐时期的傩礼，在程式等方面，与前差异不大，而规模更为宏大，其中仅饰演“侲子”的乐人子弟就有240人；唐代驱傩活动，则在除夕之夜举行，“驱傩岁暮，送故迎新”，且傩舞和傩戏成分增强，增添了许多世俗、娱人内容和情节。时人乔琳《大傩赋》对此有所记录：

“岁惟大傩，国著成命。……一人垂拱，万方同庆者也。且傩之为义，其来自久，实驱厉以名之，……上士下士，左之右之。或嚣声以作气，或诡貌以呈姿。……侲童丹首，操缦杂弄，舞服惊春，歌声下凤。夜耿耿而将尽，鼓喧喧而竟送。行看北斗，已落于严城。坐待东风，方期于解冻。皇帝御寝殿，正元冠；侍臣济济，宫妓珊珊。……肃肃穆穆，南面而看。……徒观其执戈扬盾，黄金四目。其视耽耽，其威肃肃。将前驱以戒道，必启行而分逐。”

可见，除夕夜长安驱傩，盛况空前。王建百首描写宫女生活的《宫词》中，有对唐深宫除夕驱傩盛景描写的片段：

> “金吾除夜进傩名，画袴朱衣四队行。院院烧灯如白日，沉香火底坐吹笙。”

驱傩时，人们戴上形形色色的面具，装神扮鬼，如李淖《秦中岁时记》就有“岁除日进傩，皆作鬼神状。内二老儿，其名作傩公、傩母”的记载，红裤赤脚，拽茅鞭，弯桃弧，时而相视大笑，时而独自狂啸，长笛喧喧，人声赫赫。诗人孟郊《弦歌行》记云：

> “驱傩击鼓吹长笛，瘦鬼染面惟齿白。暗中崒崒拽茅鞭，倮足朱裈行戚戚。相顾笑声冲庭燎，桃弧射矢时独叫。”

这首诗形象地描写了傩的形状和驱傩的场景。因此，唐代宫中除夕驱傩，与其说是驱逐疫鬼，毋宁说是除夕夜聚众狂欢娱乐。徐铉《除夜》“预惭岁酒难先饮，更对乡傩羡小儿”诗句，反映的则是唐代乡野驱傩的情景，而敦煌写本《除夕钟馗驱傩文》在一定程度上折射了唐代乡傩的基本情况：

> “正月杨（阳）春担（佳）节，万物咸宜。春龙欲腾波海，以（异）瑞乞敬今时。大王福如山岳，门兴壹宅光辉。今夜新受节义（仪），九天龙奉（凤）俱飞。五道将军亲至，虎（步）领十万熊罴。衣（又）领铜头铁额，魂（浑）身总着豹皮。教使朱砂染赤，咸称我是钟馗。捉取浮游浪鬼，积郡扫出三峗。”

据学者考证，上引《傩文》约成于中晚唐时期。节录的部分包括两方面内容。首先是表达新年祝福：万物沉浸在喜庆的佳节中，无限的舒适与惬意；生机盎然的春天行将来到，欢乐祥和的瑞气亦即降临；预祝大王健康长寿，阖家欢乐。其次为驱傩场景：今夜按规定举行驱傩仪式，龙凤已翱翔盘旋空中，预示吉祥。五道将军亲临现场，率领十万熊罴般威武雄师，随之还有身着豹皮、面涂朱砂、铜头铁额的壮士，齐声高呼：我是钟馗。专来捉拿浮游浪鬼，把你们驱逐出敦煌。乡傩举行的时间也在除夕，只是其主事者、参与者及其内容，都和宫禁时傩有所差异。

及迄宋代，方相、侲子、十二兽等角色均从傩仪中消失，以傩祭为基础的傩舞蔚然风行。除夕之夜的傩仪，由皇城亲事官、诸班直、教坊伶人表演。《东京梦华录》卷10“除夕”：

> “至除日，禁中呈大傩仪，并用皇城亲事官、诸班直戴假面，绣画色衣，执金枪龙旗。教坊使孟景初身品魁伟，贯全副金镀铜甲，装将军。用镇殿将军二人，亦介胄，装门神。教访南河炭丑恶魁肥，装判官，又装钟馗小妹、土地、灶神之类，共千余人，自禁中‘驱祟’，出南薰门外转龙湾，谓之‘埋祟’而罢。”

在这段文字中，再也见不到上古以来宫傩中存续千余年之久的方相氏等主事者，而代之以实职事官和伶人，所扮者有将军、门神、判官、灶神等，规模达千余人，观者如潮，气氛蔚为壮观。另据吴自牧《梦粱录》所录史料，南宋时期的临安傩仪也大体如此。有学者因此指出，宋代宫中岁除之际的傩仪，由国家“典礼”衍变成“直以戏视之”的民俗活动，古意荡然无存。与宫傩仪式的隆重、盛大相比，宋代民间傩仪则是另一番景象。两宋时期，文化重心下移，宫傩在民间进一步广泛化，并且民间农事、农村社火等要素也随之融入乡傩，并赋予其新的内涵，广受民众欢迎，陆游《岁暮》“太息儿童痴过我，乡傩虽陋亦争看”诗句，反映的就是这种情况，而现藏于故宫博物院的宋代佚名绢本《大傩图》则更是淋漓尽致地展示了其时乡傩的情景。《大傩图》全图画面共画12人。他们身着奇异服装，头戴各式帽子和插着花枝。帽子的式样多重，既有斗笠、巾、冠之属，也有粗角兽头，还有农家场院器具如斗、箩、箕诸类。画中人物手中或身上携拿有鼓、铃、檀板等乐器，或为扇、篓、帚等用具，或为花枝、瓜之属。每个人脸上都曾化妆，亦或戴着面具。12人围成一团，舞之蹈之，气氛欢乐、

「太原北齐徐显秀墓出土的“方相氏”壁画」

「宋《大傩图》」

祥和。画面中农器具的广泛使用，说明乡傩除了驱除邪祟而外，还有祈求农业丰穰之意，同时也是一种民间娱乐活动。

以后的元明清时期，时傩发生了几个显著的变化。一是宫傩逐渐淡出，乡傩即民间傩不仅存在依旧，而且逐渐成为时傩的主干，是中国传统民俗的一个重要组成部分；二是傩文化的性质，由此前的基于信仰的驱逐疫鬼仪式，完全嬗变为民间狂欢性质的聚会活动，是民间娱乐形式之一；三是傩文化的分布与流行区域，由此前的文献所载以中原地区为主，而逐渐向边远地区流播，并在那里保存和传承，从而形成了今天以长江流域为集中分布区的格局，尤其以贵州、湖南、广西、云南、四川、江西、安徽等省、自治区最为突出，形成一个傩文化圈。

关于傩文化的起源，或谓是稻作文化的产物，此语或失准确。因为：

其一，这一结论，或是从傩文化当下主要分布区域而言的，今天的傩文化圈以稻作文化的长江流域为主。

其二，然而，即使就长江流域而言，傩文化存行的地区也不全是稻作区，一些山区的农业形态就并非以稻作为主。譬如贵州威宁等县地处偏僻、山高林密，如今程度不同地保存着较为原始的傩戏与傩舞，但其农作物就不是水稻，而是荞麦、土豆之类的旱作物。

其三，从历史的发展脉络看，傩文化最早源于中原，且宫廷为其一端。中原地区无论古今，其农业均为旱作。

综上，我们认为傩文化是中国农耕文明的产物，同时也与当时的人们对自然的认知等社会文明程度有关。两宋以后，随着生产的发展、文明的进步，时傩之风在其最初产生的中原地区逐渐减弱甚至基本失传，而在长江流域的边陲山区的少数民族和部分汉族中间却保存、传承下来。个中之因，有学者认为可能和历史上的楚民族巫风盛行不无关系。

傩的形态，从活动主体的角度，可分为民傩、宫傩、军傩和寺院傩等。

民间傩又称百姓傩、乡傩，主要流行于民间，春秋时叫“乡人傩”。据《礼记》孔颖达疏，西周季冬举行的时傩，即为乡傩。乡傩在《论语·乡党》中亦曾提及：“乡人傩。（孔子）朝服而立于阼阶。”是说乡人行傩祭仪式，孔子穿着朝服站在东台阶上。乡傩后来逐渐演化为假面戏作，即傩戏，听任民众自由表演娱乐。

「傩戏」

宫廷傩即在宫廷中进行的傩，亦称大傩、国傩或官府傩。根据《礼记》孔颖达疏，西周季春、仲秋所行的傩礼，分别为国家之傩、天子之傩，二者皆属国傩。自周迄两宋，傩祭一直存在于宫廷中，并被作为国家典礼收入坟籍。

军傩，顾名思义，为军队所行之傩。有人认为，西周时期武职夏官司马所属方相氏司职的傩礼，寓有“军人战胜鬼疫”之意，其傩为军傩。而秦军布阵之现实模拟的兵马俑坑出土的“青面俑”，有学者考证，即为军中“傩人”。因为秦、楚文化联系密切，重巫的神秘色彩是楚文化最大的特色。秦陵出土文物有较多的楚文化风格，例如铜车马上的彩绘纹样、俑坑中覆抹青膏泥等都与楚文化有较强的联系。

寺院傩则是将傩中所含的“宗教”因素抽离出来加以强化，使之服务于寺院，并同与之结合的寺院固有宗教内容相互渗透而逐渐独立成为某种特殊的类型傩。它们的共同特点都在于请神驱鬼、祈福禳灾。如藏族傩舞羌姆，即为藏传佛教不同教派寺院所传承。

从功能的角度，傩又可分为祭祀或纪念傩、禳灾傩、傩舞、傩戏等，前二者可谓祀神、驱鬼，后二者则着意于娱人。

祭祀或纪念傩的起源，与商王上甲祭祀其亡父有关，以此为基础，后来逐渐演绎为祭祀或纪念民族或区域性历史人物如屈原等。例如，历史悠久、风格古朴、特色浓郁的江西乐安傩舞有三大流派，刚劲勇武的罗山傩舞乃其一。罗山傩舞起源于该县鳌溪镇罗山村，据说与纪念屈原有关。每年端午节，当地百姓都要纪念屈大夫，因乐安城镇一带无大河，不能划大船，于是就用跳傩替代并沿传至今。每年农历四月十五到五月初五，鳌溪各村都要举行祭祀活动，表演历史流传下来的傩舞，俗称“打戏头鼓”。傩仪隆重肃穆，表演前一天，表演者洗身净体，身穿夏良（土织布）、渔网衫（渔网或披风），衣下摆吊荷包、香袋、铜钱等物，表演者在锣鼓声中，赛舞竞技，热闹非凡。

禳灾傩，即禳除鬼疫，古今绝大多数傩仪之兴，或多或少都有驱除灾疫、祈求吉祥之殷意，这与傩的祛邪纳吉功能密不可分，傩仪的最后，演出者总要像西周方相氏那样“索室驱疫”。“搜傩”即深夜到各家搜寻、驱逐瘟疫，是如今江西南丰县大傩最重要的仪式之一，也是大傩班的最后一项活动，据说它就是沿袭西周时傩方相氏“帅百隶而时傩”仪式而来。该县众多傩班中，以三溪乡石邮村傩班的“搜傩”最为典型。每年正月十六夜，钟馗及其助手小神（又叫搜神）、开山神从傩庙出发，举着火把，打着锣鼓，在火铳、鞭炮声中前往居民各家，挨家“搜傩”，在依次搜索各厅堂房舍后，主人紧闭大门，以防鬼疫窜入。搜傩完成后，众人举火把积聚村外河滩上，对着陈列在地上的面具举行“参圣像”仪式，踏罡步斗，绕面具穿行，最后将火把弃于河滩。这一仪式，显然具有汉代大傩“持炬火，送疫出端门”、“传火弃洛水中”的孑遗。

早在两汉时期，傩仪就开始具有娱人的性质，向着舞蹈与戏剧的方向演变。古代傩仪中明确提到舞蹈的，是《后汉书》“方相与十二兽儛”，舞蹈因此成为傩仪不可或缺的部分。

在此后的历史发展过程中，傩舞逐渐成为傩仪的重要内容，并在不同地区形成不同的风格样式。傩舞表演时，通常佩戴神话或传说、历史时期或民间乡野某些神灵或人物面具，构成了庞大的傩神谱系。现存傩舞主要分布在云南、贵州、湖北、江西、安徽等地，节目繁多，称谓不一，如仅江西各地傩舞就有鬼舞、傩舞等名，表演时间为大年初一到正月十六日。

余秋雨《文化苦旅》描述贵池傩，为由傩舞发展而来的地方戏曲之一种——傩戏。完全以娱人为目的的傩戏出现时间，要比傩舞稍晚一些。据《隋书》本传，隋朝大臣柳彧向隋文帝讲述了自己亲身经历的民众表演傩戏的情景：

> “窃见京邑，爰及外州，每以正月望夜，充街塞陌，聚戏朋游。鸣鼓聒天，燎炬照地，人戴兽面，男为女服，倡优杂技，诡状异形。以秽嫚为欢娱，用鄙亵为笑乐，内外共观，曾不相避。高棚跨路，广幕凌云，袨服靓妆，车马填噎。肴醑肆陈，丝竹繁会，竭赀破产，竞此一时。”

在一些文人雅士和政界人物眼里，傩戏被视为“奇形怪状”的“倡优杂技”，但正是那些“秽漫”、“鄙亵”的节目，博得了观者的“笑乐”，民众为之“欢娱”不止。表明傩戏经民众的创改后，更接近民间实际，其内容以反映人民生产、生活和表达人们美好的愿望为多，形式通俗易懂，表演风趣幽默。到了明末清初，随着各种地方戏曲蓬勃兴起，傩戏吸取各种戏曲形式，发展出形式多样、名谓众多、广布各地的傩戏，如傩愿戏、傩堂戏、师公戏、师道戏、孟戏等，剧目不一，重要的如有《孟姜女》、《庞氏女》、《龙王女》、《桃源洞神》、《梁山土地》等，另外还有一些取材于《目连传》、《三国演义》、《西游记》故事的剧目。演出唱多白少，长于用大段叙事性唱词的形式交待事件，展开矛盾，塑造形象。傩戏主要流行于长江流域的四川、贵州、湖南、湖北、江西和安徽一带，具体如合江傩戏、德江傩堂戏、新晃侗族傩戏与沅陵辰州傩戏、恩施土家傩戏、宁都傩戏和池州傩戏等，流派多元，艺术风格各具千秋。

「傩戏表演」

傩戏表演时间多在农历年尾的腊月，演出服饰、道具起初比较简单，以凶猛兽形为多，有避邪之威、驱疫之仪；后来，由于不断改进与创新，傩戏表演形式渐趋丰富，傩戏剧目、神名、面具等也时常更新。傩戏表演丝毫没有身份、职业、地域限囿，演出也不分乡村或城镇，只要有兴趣，每个平民百姓都可参与，不参加者可尽情欣赏、评论。

(二)端午节玩“吉雀子”

湖北沔阳（今仙桃）有这样一个谜语：

两脚两手，
四眼两口，
普天下都冒得（即没有），
只有沙湖沔阳有。

其谜底为——吉雀子。所谓吉雀子，又称急脚子，是古傩遗俗之一。一般情况下，一个人只有“两脚两手”，但谜语中则是“四眼两口”，而且从其分布区域看，其他地区都不存在这一情况，惟沔阳独有。其实，所谓的“四眼两口”不是什么奇怪异人，而指的是傩仪中的人戴面盔，即脸谱。

古傩遗俗遍播江南大地。然而，古傩之俗在各地的名谓及开展时间都有很大的不同，如在湖北沔阳城，就把它称作“吉雀子”，而其从事的时间则在农历端午节。

端午节那天，演出者头顶木刻彩漆狰狞盔面，盔后各插两支野鸡毛；身穿黄布对襟衫，腰系两块黄布衩裙，打着蓝布裹腿，脚穿麻耳芒鞋，手拿黄旗一把，铜锣一面，从县城出发，一边敲锣一边疾走，遍至城乡各户，可能因此有“急脚子”之称。

演出队伍共9列，每列4人，其中一人手执红边白布令旗一面，领头到各家各户，先绕堂屋转一圈，迅即离开，然后到主人屋里，在家神前拿走“利市”（红包）。传说每年过端午节时，他们到各家走一遭，即可驱邪消灾，迎来吉祥。人们因而称之为吉祥的雀子，简称吉雀子，又名急脚子。由此看来，沔阳端午节玩吉雀子，寓含驱逐疫鬼、消除灾魔之意，具有显著的古傩礼驱疫遗意。全部活动结束后，木刻的36个脸谱（盔面）

「古傩遗俗」

放回县城隍庙保存。

关于沔阳端午玩吉雀子习俗的起源，民间流传着这样一个故事。据说，沔阳城有个名叫陆建寅的人做了八府巡按的官，从湖南回到湖北老家。一天，官船行至洞庭湖中，风急浪高，被迫停舟。陆巡按下舟上山游玩，在一座大庙里的大雄宝殿神龛上供奉着六个木刻头像，就好气地问和尚这是些什么人的像。和尚说，两年前，从湖北沔城来了6个英雄好汉，自谓是“吉祥的花子”，上能飞天，下能遁地，杀富济困。后来，被常德官兵围困在山上七七四十九天，内无粮草，外无救兵，炊断粮绝，万般无奈，豪气冲天的6位豪杰投湖自尽。他们死后，当地百姓都说他们是好人，就用木头把他们的像刻下来供奉在那里。陆巡按听完，就命人把6个木刻像带回沔阳城，叫人供奉在庙里，每年端午节令人顶着木刻像，到每家每户去转一圈。贪官污吏看见6个木刻像，无不魂飞魄散，万般恐惧；而老百姓见了则欢天喜地，人们都称之为“吉雀子”。

另一个传说则称，清朝雍正年间，亲王琦奉旨视察洞庭湖，被一群“江洋大盗”拦阻。他命人赶走凶魔，随后下湖打捞，竟获得36个魔脸盔面。他把盔面送给沔阳县。五月初五把头像迎出来走街串乡，震吓贪官污吏，帮助他们持续实现生前惩恶扬善愿望。

姑且不论上述有关玩吉雀子起源的说法究竟是否为实，但有一点可以确信，即沔阳民间把与官府对抗、且被官府镇压的所谓“江洋大盗”作为是俗起源的说辞，并作为地方保护神来信仰而世代传承，由此可见其民间风习特质的属性。

百艺竞妍

杂艺游戏是以展示某些技艺为娱乐的一种游艺活动形式，在全国广为流行。从形式与目的看，杂艺游戏与音乐歌舞、体育竞技等有些许相通之处，但其表演和观赏性特点显著。据此，长江流域的杂戏可简单地分为表演性杂艺、竞技性杂艺和助兴游艺三类。

表演性杂艺

(一)皖北猴戏与马戏

猴戏亦称“耍猴儿”。猴子与其他一般动物相比，具有天资聪颖、善解人意、易于驯养等特性，对其加以驯养与调教后，便可模仿人的许多动作与表情，如翻筋斗、爬高、跳绳、作揖、敬礼和告别等，有的甚至还能做戏文。清代民间艺人画稿《北京民间风俗百图》是一幅“耍猴图”，画中一艺者肩背木箱，手敲铜锣；木箱上蹲踞一猴，身穿红袄绿裤。一只白羊身佩骑鞍，紧随其后。画上文字云：

“中国耍猴……其人兽（指猴子——引者注，应为其兽）形，遍体生毛，其性甚灵，自能代（应为戴）鬼脸，穿衣服，抓（应为爬）竿，播（应为翻）金（应为跟）斗，跑羊等戏。其人（指耍猴人——引者注）拉至沿街，鸣锣为号，以此为（生）也。”

这是清代北方耍猴的情况。其时南方长江流域一带，耍猴之风也丝毫不减于北方。如清林慧如所编《明代轶闻》“异物志”，就描绘了明代吴越之地一丐者耍猴、与猴相依为命的故事：

“吴越间，有鬈髯丐子，编茅为舍，居于南坡。畜一猴，教以盘铃傀儡，演于市以济朝夕。每得饮，与猴共，虽严寒暑雨，亦与猴俱，相依为命，若父子然。如是者十余年。丐子老且病，不能引猴入市，猴每日长跪道旁，乞食养之，久而不变。及丐子死，猴悲痛旋绕，如人子擗踊状。哀毕，复长跪道旁，凄声顿首，引掌乞钱。不终日，得钱数贯，以绳钱入市中。至棺肆不去，匠果与棺；仍不去，伺担者，辄牵其衣裾，担者为舁棺至南坡，殓丐子埋之。猴复入市跪于道旁乞食以祭丐子，祭毕，遍拾野地之枯薪，廪之墓侧，取向时傀儡，置其上焚之。乃长啼数声，自赴烈焰中死。行道之人莫不惊叹而感其义，爰作‘义猴冢’。”

无独有偶，清人王有光的《吴下谚联》卷 4 也对清代吴越之地的耍猴情况有所描述：

“化子贪而无义，猢慧而无恒。作伴卖伎，（猴子）以犬为骑，以锡箔器仗为把子，演诸杂剧。化子击小锣，依剧歌唱，敛钱颇厚其获。乃化子自餍酒肉，绝无鲜美之物豢猢，束缚之，驰骤之，猢不堪命，乘间而逃。化子孑然无侣，戏无从演，曲无从唱，坐犬饥羸，器仗倾抛，退而乞食于市，恒不能以自存。素史氏曰：猢之走，善矣，独恨其走之不早耳。夫猢本山居，采鲜可以自给，乃欲依丐以为业，陋矣。虽然，猢不去，化子不贫，猢亦良伙也哉！”

和明代吴越鬇鬡丐子与猴子间相依为命，鬇鬡丐子至仁、猴子尽义相比，清代吴下化子则“贪而无义”，而猴子也“慧而无恒”，但二者迥异的关系，都是人与动物长期交往过程中形成的。明清长江流域不仅盛行耍猴，而且其耍猴者足迹也遍及全国各地。如据乾隆时期的曾七如《小豆棚·物类》“猴诉”记载，今江西一带的耍猴者就南至广东潮州：

“（潮州）市中有蓄猴丐者，豫章人，飘零韩水。尝养一猴，教傀儡铃索，以给朝夕。”

以上所述，主要为明清时期的情形。其实，早在汉代，猴类表演就已经出现。东汉张衡《西京赋》中有“猿狖超而高援”句，大概为猴子爬竿之戏；魏晋南北朝时期，猴子能拟人表演诸戏。如阮籍《猕猴赋》有“整衣冠而伟服”、“举头吻而作态”，傅玄《猿猴赋》有“戴以赤帻，袜以朱巾，先装其面，又丹其唇”等，都对猴子在戏中的扮相予以了描摹。此后，猴戏在中国绵延不断，不

「 北京民间风俗百图—耍猴图 」

仅是民间节日娱乐常见的形式，而且也是一些贫者谋生的手段。但时至今日，猴戏似乎不太常见；不过，现在一提猴戏，人们就会情不自禁地想起皖北利辛等县。其实，皖北猴戏具有相当长的历史，至少早在明清时期，皖北一带及凤阳诸地即以耍猴儿闻名；而清代猴戏艺人，以皖北凤阳人居多。如乾隆时李斗《扬州画舫录》卷 11《虹桥录下》说，扬州虹桥一带有凤阳猴戏："凤阳人蓄猴，令其自为冠带演剧，谓之'猴戏'。"道光年间顾禄《清嘉录》卷 1"新年"说苏州玄妙观一带有凤阳猴戏："凤阳人蓄猴，令其自为冠带，并豢犬为猴之乘，能为《磨房》、《三战》诸出，俗呼'猢狲撮把戏'。"

历史上的凤阳，在明朝以前，是一个物产丰饶、民众殷富的好地方。据《史记·吴太伯世家》记载，吴楚两国曾因钟离（今凤阳）边境儿童争采桑叶而引起一场战争。后王莽便命其名为蚕富县。可见，凤阳的蚕桑史已有 2000 余年的历史。两宋时期，两淮地区民间富庶，其地有"走千走万，不如淮河两岸"之谣。凤阳是明朝开国皇帝朱元璋的故乡，可谓"龙兴之地"。元末的动乱，给凤阳带来了深重的灾难，往日的繁兴化为过眼烟云。朱元璋登基后，曾大力经营凤阳，从各地移民、发配罪犯到凤阳，垦荒屯田。《明史·食货志》云："明初，尝徙苏、松、嘉、湖、杭民之无田者四千余户，往耕临濠"，"复徙江南民十四万于凤阳"，"太祖时徙民最多，其间有以罪徙者"，因此"怨嗟之声，充斥园邑"。《凤阳新书》记载说，在明王朝的统治下，政苛吏恶，交相蹂躏，"牲畜尽而没其居，家业亡而鬻其子，为凤民者，十羊九牧，不亦难乎！"由此看来，凤阳百姓并未因为家乡出了个"朱皇帝"而得到休养生息，依然同"朱皇帝"当和尚一样困苦，不得不逃荒要饭，流落他乡。

当时，许多流浪的人把沿村卖唱和耍猴作为乞讨的手段，于是就产生了凤阳花鼓戏和耍猴戏。关于凤阳猴戏，徐珂《清稗类钞·戏剧类》"猴戏"有一条记载，这一记载可反映当时凤阳猴戏的真实情况。

韩七是一位善于驯化猴子表演的凤阳艺人。一般的耍猴者蓄养猴子，只能一两只罢了，而韩七却蓄养了十余只，而且"猿狙玃父之属，大小毕

「猴戏」

具”，甚至每次外出表演时，他也从来不用任何绳索拴系和牵引猴子，猴子总是俯首帖耳，惟命是从。每次演出，十几只猴子分别扮演生、旦、净、丑角色，就连敲锣、打鼓、奔走往来者，都由猴子来完成，“无一不备”，可谓猴尽其用，甚为有趣，闻者争相往观，叫好不绝。其他耍猴者多以之为怪，叩问其术法，却得不到任何回答。后来，有好事者最终发觉了韩七的秘密。原来，韩七是个瘾君子，嗜好鸦片如命。每获一猴，他都将之锁困在床前，而自己则“陈芙蓉膏一盎、灯一具，高卧吸之”。猴子虽欲逃脱而不得，遂狂躁跳越，终因精疲力竭而罢。长此以往，猴子慢慢地适应了环境，并“戏效人偃卧，就灯嘘之”。于是，韩七趁机“教以烧吸之法”。不出一月，猴子也就成了瘾君子。这时，韩七“解其锁键，猝举棒击之，猴负痛奔逃。顷之，瘾发，则又自屋角下窥，更诱之下，予以烟。虽更挞之，终不走矣。乃率以教演，帖如也。”韩七以其嗜好影响群猴而制猴，由此可知凤阳耍猴艺人驭猴术之高超，因此，单从技术方面而言，韩七不失为智者和成功者；然从道德角度而论，韩七此法有悖于生命伦理。

今天，猴戏在皖北许多地区仍常见，而且不少人将之作为生财之道，在全国各地表演猴戏。在一些城镇街头，锣声一响，猴子拿起各种道具，人们便会围观，猴子在众人的欣赏下穿衣、戴帽、做鬼脸及各种表演动作，若有人叫好，或馈赠一些如橘子、苹果、香蕉之类水果或食品、钱币。有时收获较好，主人一高兴，便对猴子进行奖赏，而作为回报，猴子遂临场即兴发挥，表演一些高难动作，观者喝彩声不断。

马戏主要是人马同演，马匹必须训练有素，表演者要技艺娴熟，人马配合默契。马戏最早作为军事演习技能项目时，表演者以男子为多，名称也极为阳刚慓悍，如晋代称“猿猗”、明代称“走骠骑”。后来演变为娱乐杂戏后，男子渐稀充任主角，《在园杂志》云：“咸以妇女习之，为射利之场”，名称亦变为“走马卖解”（俗语又称“卦子”）。男子一般在马戏中主要从事驯养调教的任务，因为女子与男子相比，有其身段灵巧、着装华彩方面的优势，表演起来更为好看，更可吸引观众，博得观众的青睐。皖北涡阳一带的马戏表演水平极高，清人陆古渔曾赋诗《鹿邑道中观内人走马歌》予以赞美：

“春来仆仆江北道，落花低拂裙腰草。美人如玉娇春风，绝技人夸身手好。真源城外长堤边，绿杨大道沙如绵。红妆骑马试马走，金韈玉勒珊瑚鞭。杏子衫轻宫袖小，双分绣袴纤趺绕。乌绫裹额斜插花，结束腰围柳枝袅。初来调辔驰康庄，花骢蹀躞游龙强。周流已觉四蹄熟，一声拨叱看腾骧。匹练光中人不见，观者如山色都变。欹身附马伏马腹，翩若惊鸿低掣电。翻身上马立鞍桥，婕妤当熊马更骄。仙乎仙乎欲飞去，万人助喝雷动摇。花翻尘滚流光激，盘尽围场渐收靮。徐整云鬟再束腰，一朵芙蓉红欲滴。别有美人马上旋，横陈玉体如小怜。已惊跟絓忽倒立，摩空两瓣凌波莲。殊姿异态难悉数，二美环旋才接武。姗姗仙骨汉宫初，飞燕何曾掌中舞。从容下马整华裙，绳戏竿缘技有余。试问隐娘红线辈，双丸剑术将何如。”

春天时节，皖北柔草青青，杨柳依依，身怀绝技的马戏女郎满面春风，楚楚动人。马戏女郎身着色彩艳丽的服装，举止大方，动作干净利落。只见她胯下的坐骑，金缰玉嚼，熠熠生光。马戏女郎手持珊瑚马鞭，先对马速进行了调试，快进入状态时，只听女郎一声娇喝，马蹄翻飞，风驰电掣，迅疾无比，人马不分。是时，观者如潮，群情激奋。只见那马戏女郎或斜身附马，或伏于马腹，或鹤立马背，是时若惊鸿掣电，彼时若仙人欲飞。观者睹此，无不喝彩。一女郎表演刚结束，另一女郎又翻身上马，将表演又推向一高潮，观众陶醉于红粉佳人及其精湛的表演技术中。

(二)娱人娱神的江汉皮影

皮影戏又称“影子戏”或“灯影戏”，是我国基于民间传统制作工艺的娱乐形式，是中国汉族民间广为流传的傀儡戏之一。具体地说，它是一种以兽皮或纸张（纸板）做成的人、物剪影，在光源照射下用隔亮布进行表演。表演时，艺人躲在白幕布后面，一边用手操纵戏曲人、物，一边用当地流行的曲调唱述故事，并配以打击乐器、弦乐，乡土气息浓郁。

皮影戏的原始形态，或可向上追溯至战国时期。《韩非子·外储说左上》有一记载：

> “客有为周君画荚者，三年而成。君观之，与髹荚者同状。周君大怒。画荚者曰：‘筑十版之墙，凿八尺之牖，而以日始出时，加之其上而观。’周君为之，望见其状，尽成龙蛇禽兽车马，万物之状备具。周君大悦。”

文中的“荚”，本为豆科植物的长形果实，亦指狭长无隔膜的其他草木的果实。《广雅》即有“豆角谓之荚”句。但在这里，实际乃豆荚中半透明的内膜；“髹”，指红黑色的漆；“版”同“板”，“十版之墙”即高一丈、长二丈之墙；“八尺”应为八寸；“牖”，即今天的窗子，而“窗”本作“囱”。《说文解字》说：“在墙曰牖，在屋曰囱”。也就是在屋顶上建造的洞口，目的是使光线或空气进入室内，或以之为炉灶出烟的通路。而在本文中，“牖”也非后世的窗子，而应是直径为八寸的墙洞。《韩非子》这段文字主要讲的是：客者在豆荚的半透明内膜上画些景物，让周君把它放在一堵厚墙的一个八寸见方的小孔上，迎着初升的太阳，日光平射，使光线透出画荚，将所画的景物映在屏幕上，于是便出现了文中所说的各种奇特景象。这种膜上作画形式和放映方式，犹如今天的幻灯片制作与放映。这或可视为传统皮影戏的滥觞。

「皮影戏」

降至两汉，又出现了新的形式。据《汉书·外戚传》记载，汉武帝刘彻宠幸的李夫人死去后，“上思念李夫人不已”，神情恍惚，终日不理朝政。大臣、方士齐人李少翁一日出门，路遇孩童手拿布娃娃玩耍，影子倒映于地栩栩如生。李少翁心中一动，禀告汉武帝自己“能致其神”。得到武帝允准后，李少翁“乃夜张灯烛，设帷帐，陈酒肉，而令上居他帐，遥望见好女如李夫人之貌，还幄坐而步。又不得就视，上愈益相思悲感”，但从此对之爱不释手。这个载入史册的故事，被普遍认为是皮影戏的起源。

对于这段故事，东晋王嘉《拾遗记》卷5也有所记录，情节更为具体：

> “初，（汉武）帝深嬖李夫人，（李夫人）死后常思梦之，或欲见夫人。帝貌憔悴，嫔御不宁。诏李少君，与之语曰；‘朕思李夫人，其可得见乎?’少君曰：‘可遥见，不可同于帷幄。’帝曰：‘一见足矣，可致之。’少君曰：‘暗海有潜英之石，其色青，轻如毛羽。寒盛则石温，暑盛则石冷。刻之为人像，神悟不异真人。使此石像往，则夫人至矣。此石人能传译人言语，有声无气，故知神异也。’帝曰：‘此石像可得否?’少君曰：‘愿得楼船百艘，巨力千人，能浮水登木者，皆使明于道术，赍不死之药。’乃至暗海，经十年而还。昔之去人，或升云不归，或托形假死，获反者四五人。得此石，即命工人依先图刻作夫人形。刻成，置于轻纱幙里，宛若生时。帝大悦，问少君曰：‘可得近乎?’少君曰：‘譬如中宵忽梦，而昼可得近观乎?此石毒，宜远望，不可逼也。勿轻万乘之尊，惑此精魅之物！’帝乃从其谏。见夫人毕，少君乃使舂此石人为丸，服之，不复思梦。乃筑灵梦台，岁时祀之。”

李少翁用一种色青质轻的“潜英之石”，让人先依李夫人相貌刻雕，完成后便放在轻纱帐幕里，在烛光的照射下，投影于幄帐之上。因此，李方士为武帝招李夫人之魂的法术，实为一皮影形式。

「皮影戏」

宋时，皮影演出效果形象、生动、逼真，颇受欢迎。《武林旧事》卷2“元夕”记载了南宋杭州皮影演出时受欢迎的“儿童喧呼，终夕不绝”场景。当时，皮影演出所用的“影人”制作亦较为精细。南宋灌园耐得翁的《都城纪胜·瓦舍众伎》云：“凡影戏，乃京师人初以素纸雕镞，后用彩色装皮为之。”可见，后世意义上的“皮影戏”，是在南宋开始出现的，此前的皮影戏，充其量不过为“纸影戏”。两宋以降，经元、明、清时期，皮影戏广为盛行，延绵不绝，制作工艺与演出艺术趋于多元，形成了众多流派，以省、市为单位，常见有四川皮影、湖北皮影、湖南皮影、北京皮影、山东皮影、山西皮影、陕西皮影、青海皮影、宁夏皮影等风格各异的地方皮影。各地皮影的音乐、唱腔与韵律，无不广泛地吸收了各自地方戏曲、曲艺、民歌小调、音乐体系的菁华，在每个地区又形成了异彩纷呈的地方皮影戏，具体如唐山皮影戏、孝海宁皮影戏、陆丰皮影戏等，而湖北江汉皮影戏则为广受百姓欢迎的众多流派中的一个典型。

地处长江流域中段的湖北，皮影戏迄今已有300余年历史。江汉皮影与鄂东皮影（最著名的是云梦皮影）是湖北皮影的两大类。江汉皮影分布地区十分广泛，天门、沔阳、潜江、洪湖、石首、江陵、公安、京山，以及邻近湖南、江西、安徽等省部分地区均受江汉皮影的影响。

「皮影戏表演」

乡间皮影表演，毋庸任何宣传或广告，如张贴海报等，只要在村里树起一根高高的木杆，上面绑一把草或一束柳条，晚饭后，人们便三五成群结伴而来。

过去，皮影戏的戏台用几条木凳和几块门板就能搭起，戏台前方树着一块木框，四周绷着白纱布，纱布的后上方吊着一盏很大的油灯或汽灯。“演员”即“影人”是用皮或纸雕镂出来的各种人物形象，表演艺人则在幕后用细竹竿操纵。在灯光的作用下，“影人”在影幕上坐卧行走、舞枪弄棒，表演艺人一边操作“影人”，一边用方言演唱台词，一人充当生、旦、净、丑等角色。表演多变灵活，“一口述说千古事，两手挥舞百万兵”。

历史上，皮影戏传承着古老的“说经、讲史、烟粉、灵怪”的特点，其内容多为民间传说、历史故事和英雄传奇，具有浓郁的民间韵味，深受民众欢迎。

皮影最为关键的是形象造型，尤其是人物形象的雕镂粉饰。皮影艺人受到民间剪纸的启发，最开始用猪、牛、羊等动物皮革作为造型原料，精心雕镂，制成形态各异的“影人”、“影物”。

一担皮影箱子，通常有男粉脸头子（鱼尾粉脸、束发粉脸、男帅和帝王等）、女粉脸头子（花旦、正旦、女帅、凤冠和道姑等）、花脸头子（女花脸、杂花脸、红花脸和黑花脸等）、老纵头子（男纵、女纵、道公和道婆等）、奸白脸头子（老奸相、小奸相、奸王等）、丑白脸头子（老摇旦、中摇旦、小摇旦、女摇旦和站堂等），另有其他诸类专门头子数十个，共有120余个头子（人物头像），如此才能够演出各种剧目。

江汉皮影通常高约0.73米，在总体上讲究圆，形象夸张、浪漫，与北方皮影讲究图案性有所不同。江汉皮影的粉脸、女旦、须生头像清秀、干净、柔美，奸白脸、丑角夸张变形，戏剧效果较好。

江汉人把皮影戏称为“土电影”，解放前，每值逢年过节、庆祝丰收、酬谢神祇、祭祀庙宇，无不把皮影戏作为一项重要的娱乐活动。正月十五元宵节，上演《大回窑》；二月二日土地菩萨生日，演出《土地会》；三月三日寒食节，表演《火焚绵山》；四月八日祭神，演《箍箍阵》；五月五日端午节，演《汨罗江》；六月六日祭杨泗将军，演《哪吒闹海》；七月七日七夕节，演《鹊桥渡》；八月十五日中秋节，演《唐明皇游月宫》。江汉皮影，娱人又娱神，为节日增加了喜庆的气氛。

由于皮影戏深深植根于民间，能准确反映广大民众的生活情感及兴趣，与欣赏皮影的民众没有什么距离，因而具有极强的生命力，为众多民众所喜好。而且，在科学技术迅猛发展的今天，皮影戏在舞台美术、灯光布景、特技效果、唱腔音乐、皮影操作等方面不断地变革与创新，皮影艺术在新的历史时期与时俱进，获得较大的发展。如在仙桃一地，现有皮影戏表演队就达60余支，他们不断地挖掘、整理、创新，编创了一幕幕反映时代主流、为广大江汉人喜闻乐见的皮影戏节目。

竞技性杂艺

(一)楼前百戏竞争新——长江流域的杂技

1983年，周扬先生在全国杂技创新座谈会上说：

“杂技在中国是最古老的，在所有的艺术上，没有比杂技更古老的了，三千年的历史，这是世界上少有的。”

是语表明，杂技作为一种表演娱乐形式，在我国具有悠久的历史。所谓杂技表演，就是利用人身体的各个部分做出各种动作，如额顶、嘴含、肩扛、手耍、拗腰、脚蹬、倒立、攀缘、翻越、跳越、蹦窜、空飞等，但这些动作有异于常态的精彩之处，在一些优秀的杂技表演中，能达到巧、妙、奇、新、难、稳、准、美的高度和谐统一的境界，以其无比巨大的魅力，令观者折服于其精湛技艺的同时，愉悦身心。

杂技虽不为我国独有，但早在商周时期，杂技即具雏形。只不过在先秦时，杂技还是一项带有军事目的的活动，用以选拔士卒，训练武艺。秦汉以后，杂技开始逐渐衍变为娱乐项目，被列入百戏。杂技的项目繁多，但以下列项目为主：走绳、爬竿、顶竿、鱼龙曼衍、飞剑跳丸、高跷、倒立、戏车、叠罗汉、七盘舞、翻筋斗、打交棍、脱绳、绳上挑水、斫刀蛮牌、过刀门、过圈子、踢瓶、弄碗、踢缸、踢钟、弄花钱、花鼓槌、踢笔墨、壁上睡、虚空挂香炉、弄花球、拶筑球、弄斗、打硬、弄刀、爬刀山、飞刀、飞钱、弄丸、扇技、风车、簸米、蹬梯、穿跟头、反腰、气功等。这些项目，或以力度，或以技巧，或

「杂技表演」

以惊险动作，或揉三者于一体，吸引广大观众驻足、欣赏。

长江流域的杂技表演水平，始终处在全国上游，我国杂技艺术“三个半”发源地中的一个，就在长江流域；名闻中外的中国几大杂技团，在长江流域就有上海、武汉等；其中，一年一度的武汉国际杂技艺术节已引起世人的广泛关注，每年有来自全世界许多国家和地区的杂技高手来这里展示自己的风采。

杂技项目弄丸是一项手技类技艺杂技节目，其表演方法是表演者用双手抛接数量不一的球体，或三，或五、七，甚至九个，有上下抛接，还有过桥、背箭、骗马等技巧，其特征是抛得快、接得准，反复抛接不坠地，使观众眼花缭乱，目不暇接。《庄子》中就有一位弄丸高手，这位高手是长江流域的楚国人，他凭借自己娴熟的弄丸技艺击败了敌兵，可谓一夫胜雄师。

楚国这位弄丸高手姓熊名宜僚，他练就了一手弄丸的绝活，手可握 9 个圆球依次抛起，7 个球在空中，手中始终握有 2 球，往返抛接从不失过手。有一次，楚、宋两军阵前对峙，一场血战即将开始。此时，熊宜僚突然出现在楚军阵前，面向宋军，迅速地表演起弄丸。只见 9 个球在空中、手中反复上下抛接，宋兵看到熊宜僚如此高超的技术，一个个被这一奇特的场景惊住了，简直不相信这会是在战场上。楚国趁宋军懈怠不备之机，以迅雷不及掩耳之势冲杀过去，宋军溃不成师，楚军获捷。

弄丸之术在清代尚存，清人董以宁有《席上看弄丸歌》云：

“手持一丸摩云端，一丸未落复一丸。双丸将落承以顶，须臾重入云中看。更出七丸在肘后，两手承蜩左复右。旁有少年拍手嗤，大言此技安足奇。摩顶至地身倒悬，以足弄丸目不施。七丸上下声相击，击声一依鼓为节。是时我醉不欲眠，纷纷罗袖屏前列。”

前一人弄丸，似乎常见，如《庄子》中弄丸高手熊宜僚所玩即是；而后一少年以足弄丸，且目不加施，尤为幻中之幻，怎能不令人陶醉。只可惜，这一精湛的绝技今似不多见。

杂技在长江流域开展得十分广泛，不仅备受广大百姓的喜好，就是一国之君萧宝卷、名人康有为也乐此不疲。

竿技是一项源于战国后期的杂技项目，发展到南北朝时期，竿技的名目就十分繁多，且新招频出，成为宫中常见的娱乐形式。南齐皇帝萧宝卷长期观赏竿技表演，并时常思考一些技术问题，长此以往，他自己倒由一位观赏者变成了一位竿技表演能手，每当竿技艺术进宫表演时，他都觉得不过瘾，干脆让表演者站在一边，自己身穿彩衣，在臣僚们面前展示才能，让臣僚及自己着实过了一把瘾。

踏索即走绳，作为杂技的一种，是今天走钢丝的最早形式。演员在悬空的绳索上来回走动，并表演各种动作。又称踏索。唐代陈鸿的《东城老父传》“角觝万夫，跳剑寻撞，蹴毬踏绳，舞于竿颠者，索气沮色，逡巡不敢入”，以及清代李芝的《解马行》“踏绳舞罢舞穿梯，衣衩层分蓝与茜”等文，都曾言及节日杂技项目踏索表演。在浙江雁荡山，古时每逢丰收年景，都要举行踏索活动。绳索两端系在两个相距几华里的山头铁桩上，绳索距地面高度达数十丈，地面设有评判台。不论用什么方法，只要从巨索的西端攀缘至东端成功，即可获大奖。清朝末年的改良派领袖康有为，当年就曾兴致勃勃地在雁荡山举行过“攀缘巨索”大赛。

在长江流域，杂技并不像人们通常所认为的那样，是汉族人的娱乐专利，其他少数民族同样喜欢和参加杂技节目表演，而且还不乏高手，经常玩一些让人心惊胆战的高难度惊险动作，苗族人爬花竿便是其中之一。

「苗族爬花竿」

苗族的爬花竿技艺颇具特色，主要流行于贵州西部和云南部分地区。一根几丈高的木柱矗立在演出场地中央，竿顶端悬挂着一个大红球，表演者吹着芦笙，在地上、竿上表演高难、惊险技艺，如倒立吹芦笙、蚯蚓滚沙拧腰翻滚、站肩吹芦笙、过凳走竿等。

有的表演技艺简直令人难以置信，有时花竿上的演员手捧芦笙吹着吹着会突然来个鲤鱼打挺身转一百八十度接连一打一转，人倒挂在花竿顶上成盛开的莲花形。当观众仰面观看时，冷不防演员又会突然下滑离地仅二尺余，猛然刹住，一个筋斗翻落在地面上，惊险诙谐，令人大饱眼福。

江苏建湖庆丰“十八团”(18个自然村庄)是著名的杂技之乡，这里是我国杂技艺术“三个半”发源地之一(另两个是河北吴桥和山东聊城，“半个”乃北京天桥)。

早在唐代，“十八团”艺人就在江淮诸地表演诸如耍坛、顶碗、走索、钻圈等杂技项目，当时统称为“百戏”。但在古代社会，杂技的表演只不过是一种求生的手段和方式，因而基本上没有什么发展，到解放前夕，只剩下两条破漏的“把戏”船和二十余个“把戏花子”，几乎演不出任何“把戏”了。新中国建立后，地方政府把已经改了行的“十八团”杂技艺人重新组织起来，建立了建湖、盐城、射阳、阜宁四个杂技团，从艺人员近400人。向来登不上“大雅之堂”的杂技，开始登上了剧场舞台，并且还配有灯光布景、服装道具、音响效果等。演出范围由原苏北农村扩展到南京、上海、杭州、开封、济南等地。演出节目亦推陈出新，原来那些残忍、恐怖及荒诞的内容被剔除，继承和发展了那些表现劳动人民勤劳勇敢、坚强机智的优秀节目，并增添了一些新节目。据统计，共挖掘传统节目80余个，在传统节目基础之上，发展新节目100余个。与此同时，他们还向外地兄弟杂技团学习、取经，吸收和改造了一部分节目，突出自己的艺术特色。建湖、盐城杂技表演以体育性的节目为特长，具有北方杂技刚毅、挺拔的气势；射阳、阜宁杂技表演以技巧性节目为特色，方具有南方杂技柔和、精妙的风格。

「杂技转碟」

(二)南鹞悠荡

“柳条搓线絮搓棉，搓够千寻放纸鸢。消得春风多少力，带将儿辈上青天。”

这是明代“三大才子”之一的徐渭《风鸢图诗二十五首》中的一首咏纸鸢诗。纸鸢，就是我们通常所讲的风筝，又称“风鸢”、“鹞子”。徐渭的这首咏物诗向我们展示了这样的一幅美妙的画境：暖风习习，春意浓浓，芳原碧野，杨柳含苞，燕子呢喃。一群天真可爱的孩童，找来柳条和白色的柳絮放在小手上使劲地搓呀搓，搓成细长绳后，兴致勃勃地拽线疾跑，一只只硕大似春燕、似蜻蜓、似蝙蝠、似飞蝶的风筝迎风而起，扶摇直上青天。

「风鸢图诗」

放风筝是我国著名的民间岁时游戏，具有较强的竞技特点。中国是风筝的故乡，放风筝在我国已有悠久的历史。最初的风筝，应该是春秋时的木鸢了。《墨子·鲁问》：“公输子削木以为鹊，成而飞之，三日不下。”说木鸢在空中飞“三日不下”虽说是夸张，但春秋时有风筝当为不争之事实。王充在《论衡·儒增篇》中说：“夫言其以木为鸢飞之，可也；言其三日不集（下），增之也。”另外，有文献记载说墨子也曾制作过一只木鸢，花费3年时间制成，只不过在空中飞了一天便从空中坠地，《韩非子·外储说左上》记之曰：“墨子为木鸢，三年而成，蜚一日而败。”

木鸢重量大，难以放飞。汉代出现纸后，人们用竹子或秫秸做骨架，然后糊上纸，绘上彩图，用线牵着，在天上放飞，这就是纸鸢。据明人王三聘的《古今事物考》卷1“风筝”记载，西汉的韩信曾用纸鸢测量汉宫的距离：

“汉高祖之征陈豨也，韩信谋从中起，故做纸鸢放之，以量未央宫远近，欲穿地隧入宫中。今谓之风筝。”

但据明人陈沂说，真正意义上的“风筝”，当始于五代时期长江流域的后汉。陈沂的《询刍录·风筝》云：

“风筝，即纸鸢，又名风鸢。初，五代李业于宫中作纸鸢，引线乘风为戏，后于鸢首以竹为笛，使风入作声，如筝鸣，俗称风筝。”

可见，风筝之名的由历，乃纸鸢头上的竹笛在风吹下发出的声音似筝鸣之故。

风筝的放飞，多在春季进行，其中的原因，宋代李石《续博物志》记载说：“今之纸鸢，引丝而上，令小儿张口望视，以泄内热。”也就是说，春天乍暖还寒，邪毒杂生，儿童易感邪气，通过放风筝仰望天空，来回奔跑，以此消热祛邪。正因为如此，放风筝除有娱乐、锻炼之功外，民间还赋予放风筝诸多吉祥之意，一些地方把放风筝视为放晦气。因此，人们常常把自己的希冀或愿望，绘制成人物、鸟兽、草木等各种图案，以“求福”、“长寿”、“喜庆”、“吉祥”等寓意为多，而“福寿双全”、“龙凤呈祥”、“百蝶闹春”、“鲤鱼跳龙门”、“麻姑献寿”、“百鸟朝凤”、“连年有鱼”、“四季平安”等图案最为常见。《清嘉录·放断鹞》就对清代中期江南地区的此类情况予以了记载：

「放风筝」

“纸鸢，俗呼鹞子。春晴竞放，川原远近，摇曳百丝。晚或系灯于线之腰，连三接五，曰‘鹞灯’。又以竹芦粘簧，缚鹞子之背，因风播响，曰‘鹞鞭’。清明后，东风谢令，乃止，谓之‘放断鹞’。”

长江流域放风筝，自古迄今，开展广泛，古城杭州，如火如荼，《武林旧事》卷 3 记之云：“桥上少年郎，竞纵纸鸢，以相勾引，相牵剪截，以线绝者为负，此虽小技，亦有专门。”即在今西湖断桥一带开展放风筝比赛，其办法是让两根或多根风筝线绞在一起，以先绞断线者为负。当时，名贯京师临安的放风筝高手有刘偏头、周三等。宋人张择端的《清明上河图》及苏汉臣的《百子戏春图》中，都有放风筝的场景。今天，江苏徐淮一带的放风筝在全国仍享有盛誉。

「百子图」

据说楚汉之争到垓下决战时，汉大将军韩信在对项羽设下“十面埋伏”的同时，曾命令军中制作一只巨大的风筝，把张良带到空中吹箫，带领士兵齐唱楚歌。一曲楚歌，勾起楚霸王项羽部下八千江东子弟兵的思乡之情，楚军斗志顿萎，军心涣散，终于导致项羽兵败垓下，自刎于乌江。这一传说虽不见于正史，但在徐淮一带民间代代相传，言之凿凿。倘若传说确实，那么，风筝的历史则有 2000 余年，它的发明人当为江苏淮阴人，而淮阴当为风筝的故里了！

徐淮风筝长期以传统技艺为主，近年又兼融南北流派的风格、特色，形成了别具一格的风采，使徐淮风筝不负于“风筝故乡”之誉。徐淮风筝最具有典型的是徐州风筝，而硬翅类鹞子又是徐州风筝的典型代表。硬翅类鹞子造型矫健壮美，气势雄伟，放飞空中沉稳端庄，大有将帅之风范；两根长须，酷似舞台上猛将头上插戴的翎羽，甚为可爱。除此以外，软翅鹰风筝也颇具特色，它结构简练，形象生动，放飞时往往可以达到以假乱真的地步，蓝天白云之间，一只只栩栩如生的鹰风筝有时竟能招致不少真的鹰鹞，相与盘旋，亲密如故。

「秦汉墓室壁画《乐舞百戏图》」

另外，徐州风筝中制作简便、操作容易、应用广泛者还有八卦形、五角星形、蛤

「八卦形风筝」

蟆蝌蚪形和沙燕形。

八卦形风筝是用竹片扎成“米”字形框架后，四周以线相连接，蒙以绢、纸，画上阴阳八卦图，下系长绳穗子而成。这类风筝放飞时，摇头摆尾，直冲九霄，似乎真有仙人点化似的，特别富有神秘感。五角星形风筝制作时，先用五根一样长的竹片扎成五角星形状，然后蒙糊以彩色绢、纸，系以短穗。成群放飞于空中，五彩缤纷，晶亮耀眼，似满天星斗，熠熠生光。蛤蟆蝌蚪形风筝头部上方下圆，两腿粗壮，一条长尾巴，形似蝌蚪。放飞空中，悠悠荡荡，摇摇摆摆，拙稚中有灵动，憨态可掬。沙燕形风筝乃北京沙燕之变种，放飞时，可显浓郁的人情味。

徐州风筝作为我国民间艺术百花园内的一朵奇葩，近年来屡屡绽放出迷人的光彩，多次在国内、国际的风筝大赛中夺魁，曾荣获国际风筝大赛团体总分第一名的骄人成绩。

阳春三月，万物复苏，柳绿桃红，莺啼燕飞。徐淮一带乡间的田野、场头，城里的广场、公园，一只只放飞的风筝翱翔于空中，千姿百态，衬之以蓝天、白云、夕阳、紫燕，是一幅不可多得的、诗意盎然的美丽画卷：“草长莺飞二月天，拂堤杨柳醉春烟。儿童散学归来早，忙趁东风放纸鸢”。谁又能不沉醉于此呢？

助兴游艺

(一)宴饮乐融融

宴席上最常见的助兴游戏是酒令。酒令古已有之，具体行令方法各不相同，但一般是先推举一人为令官，负责发令，其余的人轮流按令表演，或当场赋诗，或说谜语，或表演绕口令，违反号令或输者受罚饮酒，古人称“酒令大如军令”，就是宴会上助兴的重要娱乐标志。言及此，人们便情不自禁地想到成语“曲水流觞”。

每年农历三月初三，是传统的上巳节，这天，人们来到水边举行祓禊活动。祓，又称祓除，用斋戒、沐浴等方法消除灾祸和不祥，也泛指扫除；禊，在水边举行的一种修洁、净身祭礼。因此，祓禊就是通过洗濯身体，达到除去凶疾的一种祭祀仪式。早在上古时期，民间就有祓禊习俗，而且周代的女巫专门司职此事。《周礼·春官》载：“女巫：掌岁时祓除、衅浴。”所谓衅，就是“以香涂身”。“衅浴”就是用芳香涂身后沐浴，以除秽恶；《诗经·郑风·溱洧》中，就具体记载了春秋时的郑国，每逢阳春三月溱水之滨士女秉执兰草、祓除不祥，男女游娱而欢的生动情景。此后的上巳节，官民水边祓禊，并进一步演变出临水宴饮。魏晋时期的“曲水流觞”即为此俗的一个写照和缩影。

东晋穆帝永和九年（公元353年）上巳日，东晋贵族、会稽内史、书法家王羲之邀请亲朋故友如谢安等40余人在浙江绍兴兰亭清溪祓禊，乃后会饮。诸位文人雅士这一聚会相饮，遂留下了千古佳话——曲水流觞。据载，席间行酒令劝酒，把酒杯放在弯曲流动的水中，由上游浮水徐徐而下，酒杯流到谁的面前打转或停下，谁就必须即兴赋诗一首，做不出者罚酒。结果16人受罚饮酒，11人各成诗2篇，15人各成诗1篇。王羲之将诗集起来，并挥毫作序，成就了举世闻名的《兰亭集序》（又称“禊帖”）。这种酒令，多为文人、诗人们所用，常人则少用。

「曲水流觞」

有时，人们在席间借助一定的工具猜谜行令来助兴，白居易曾赋诗记之云：

“筹插红螺碗，觥飞白玉卮。打嫌调笑易，饮讶卷波迟。”

浙江金华地区解放前流行的简单酒令——“捉曹操”就是这种借助工

「行酒令——投壶图」

具来助兴的方法。宴席开始前，准备好写有《三国演义》中刘备、诸葛亮、关羽、张飞、赵云、黄忠、马超、曹操等人名的牌子，每人摸牌一张，摸到诸葛亮牌者负责发号施令，他点一个将领的名字，持这张牌的应声而出，猜捉曹操，猜错罚酒一杯，要是猜到刘备，则加倍罚酒，手有刘备牌者陪着饮酒一杯。如此往复，直到捉住曹操为止，持曹操牌者饮一满杯酒，一轮行酒令游戏结束。但无论是敬酒还是罚酒，传统习俗是“事不过三”，三杯酒是极限，这是中国人以“三”为圆满心理的一种表现。

茶令是一种与酒令相类似的助兴游戏，流行于茶乡江南一带。饮茶时以某人为令官，饮茶者都要听从令官的命令。当品茗至一定时间，令官就会出难题行茶令，要求饮茶者执行或解答，否则，就会受到饮下若干茶水的惩罚。南宋龙图阁学士、温州乐清人王十朋的茶令诗曰：“搜我肺肠著茶令”。他自己加注云：

“余归，与诸子讲茶令。每会茶，指一物为题，各举故事，不通者罚。”

(二)藏人敬酒歌

藏族人民热情好客，喜好饮酒。一般情况下，各家各户都贮存一定数量的美酒——用青藏高原特产青稞制成的青稞酒，其酒精度数极低，男女咸宜，是婚庆、节日、生子等常备佳酿。

藏族人非但自己喜好青稞酒，也喜欢用青稞酒来款待客人。亲朋故友来访或团聚，主人都会向客人敬酒三杯。客人先喝一口，添满，再喝一口，再添满，连喝三口，再添满，然后满杯喝干。如果客人真的是酒量不济，不胜酒力，就以无名指蘸酒弹洒三下，主人见状，自然不再劝酒；若客人酒量有限，喝上一口就请主人添酒，如此连喝两口，添满杯后，一饮而尽，纵然喝得不多，主人也十分高兴；如客人既不喝酒，又不弹酒，主人就会端起酒杯，一边跳舞，一边唱敬酒歌，前来敬酒。如果客人还是不喝，主人就会一直地跳唱下去。

唱祝酒歌是藏族人民最普遍的习俗。藏族有一句俗语："喝酒不唱祝酒歌，便是驴子喝水。"谁来敬酒，谁就唱歌。民间常唱的歌词大意为："今天我们欢聚一堂，但愿我们长久相聚。团结起来的人们呀，祝愿大家消病免灾！"

有时，主人在唱敬酒歌时，会唱出这杯青稞酒的来历与功效：

"端在手中的这杯酒很不寻常，它是用洁净的甘露雨和吸收了日月精华的五谷酿成的，是长寿之酒，修法之酒，安乐之酒。贵人喝了这杯酒，心量宽广如天大；胆小的人喝了这杯酒，走路无伴心不怕；英雄好汉喝了这杯酒，战场勇猛把敌杀。用这杯酒供奉天神、宁神和龙神，三神也会高兴。唱快乐歌曲需要这杯酒，跳狂欢舞需要这杯酒，尊贵的客人请干这杯酒，欢欢乐乐不要走。"

歌中的"三神"，为藏族信仰的三类神灵：天神、宁神和龙神。其中，天神居天上，主管人间花朵、果树、雪山、土地等；宁神居空中，主管雨水、冰雹、雪灾、干旱等与天有关的一切自然灾害；龙神居地下，主管人间的各种疾病，主要有424种。

在藏族民众看来，青稞酒是用圣洁的甘露和日月精华的谷物酿就的，是长寿酒、修法酒和安乐酒；用它供奉三神，神祇可护佑人间，国泰民安；客人喝了它，心胸开阔、胆量宏大、英勇威猛。听完这曲优美、动听的劝酒歌，客人难负主人一片殷情，为感谢主人，客人便会昂起头、张开嘴，高兴地将酒灌进肚子。然后，在座的老幼男女轮番唱歌、跳舞，客人也便连连干杯，主人因而十分高兴。

敬酒歌很多，其词、其曲多据客人身份及其时情境而定，演唱者也会随即编加一些新的内容，如"这青稞酒呵，香又醇，请您一饮尽；您干

「藏民美酒」

杯，我高兴；您若拒杯，岂不是看不起主人”等。这是在主人了解到客人能喝酒但又不喝的情况后而唱的劝酒歌；当得知客人有高原反应且年龄较小时，主人则唱起祝旅途平安、愉快和前程似锦的劝酒歌：“我酿造了这清凉美味的青稞酒呵，就是为了招待亲人，它能助您健康，为您提神；愿您旅途平安，前程似锦。”盛情的藏族主人和优美的藏族敬酒歌，还有香郁醇厚的青稞酒，即使您不会喝酒，您也会情不自禁地放量品饮，更何况那些酒量大的朋友呢?

关于青稞酒的来源，藏族同胞有许多传说，而“龙王仙丹育青稞，王母玉液酿美酒”则是其中的一则。

据说上古时期，西王母在巍巍昆仑瑶池边宴请威震天下的周穆王，并拿出自己酿造的玉液琼浆款待周天子。席间，觥筹交错，欢乐极致。但西王母发现周天子不习惯珍馔佳馐，便特派坐骑大青鸟到东海蓬莱仙岛采集美食。大青鸟从蓬莱采食匆匆归来，不慎将一仙物从口中掉出，落在龙王山下。只见那仙物落地生根，瞬间长出一片片绿油油的麦田，年复一年，皆获丰收。圣洁的谷物成了西部大荒生生不息的绿色之魂，成为高原人食之不尽的宝贵食粮，养育了一代又一代的高原儿女。因为是大青鸟衔来的食物，人们将其功归于大青鸟，便称之为“青稞”。又过了若干年，云游四方的八仙赴西王母蟠桃宴回来，行至龙王山上空，被山下那碧波荡漾的青稞海洋所吸引，便一起下至凡间，行到威远堡镇古井旁，见一老妪炎炎烈日下设摊施茶，八仙扮乞丐前往讨茶。老妪见诸人衣衫褴褛，情状凄惨，便施与每人凉茶，口干舌燥的八仙一尝，茶水甘冽，顿觉神清气爽。到古井口一看，发现井水来自龙王山黑龙泉，是一股神水。为酬报老妪之恩，铁拐李打开宝葫芦，将西王母送他的瑶池仙酿倒入井内，并告诉老妪：“取此井水酿酒，可名扬四海，富甲天下。”说完，便化作一缕清风而逝。老妪将信将疑，打出井水一尝，果真清香馥郁，沁人心脾。于是，就在古井旁酿造青稞酒，从此青稞酒闻名遐迩。

时节游艺

中国农业社会的特质，决定了先民对岁时节令尤其关注，二十四节气、朔望、重日等日期，很多是中华民族的重要节日，并被赋予了特殊的意蕴，从而衍生了传统的节日文化。在春夏秋冬的各个节日里，民间随着季节的变化和节日的到来，广泛地开展各类游艺活动。

爆竹声声与花灯盏盏

(一)浏阳爆竹响天下

爆竹，或称鞭炮，是湖南浏、醴一带誉满中外的名优特产，几乎成为这些地区的代名词。

浏阳的爆竹拥有悠久的历史，这从浏阳诸地长期供奉鞭炮祖师神的习俗和有关历史典籍的记载中可以反映出来。

旧时，浏阳一带许多鞭炮艺人都尊奉李畋为行业祖师(或先师)。据说农历四月十八日是李畋的生日。每到这一天，以鞭炮制造为谋生手段的人家都要焚香点烛，献上鸡、肉、鱼“三牲”，向先师李畋的神牌位磕头作揖，虔诚祭祀，祈求福佑。做鞭炮的工人在这一天要停工休息。有些地方在解放前还有过李畋先师会，24 人参加，每人出谷 3 桶，以其利息来购买酒肉，欢度先师的生日。在先师生日的前一天晚上，铳炮冲天，十分热闹。

关于李畋，据说他是唐朝人，本来名叫李世民，只是为避唐太宗李世民的讳而改名为李畋，曾经居住在“吴头楚尾”的麻石。唐太宗时，丞宰魏征曾在梦中斩过一条孽龙，孽龙的弟弟因而恨透了李世民，日日夜夜来到宫廷殿堂里吵闹，弄得李世民不得安宁。于是，唐太宗李世民便命大将秦叔宝和尉迟恭手拿铜鞭日夜守护在自己的寝宫，并令李畋另谋他策护驾。李畋冥思苦想，终于想出一良策：用一小竹筒，内装硝磺，随时爆响，山鸣谷应，好不威风！唐朝初年，因统一而连年征战，疾病流行，百姓苦不堪言，四处逃亡求生。李畋就采用驱孽龙的办法驱疫逐瘴，惊吓邪恶，这种方法真的十分有效。于是，人们便沿用放爆竹驱逐邪瘴方法，并尊奉李畋为鞭炮行业的祖师爷。

从历史记载看，爆竹并非唐朝才有，其创始人亦非李畋。对此，清人翟灏在《通俗编·俳优》曰：

"《(山海经) 神异经》：西方深山中有人长尺余，犯之则病，名曰山臊。人以竹着火中，烞熚有声，闻即惊遁。(宋代袁文)《瓮牖闲评》：宗懔云，岁旦燎竹于庭，所谓燎竹者，爆竹也。按：古皆以真竹着火爆之，故唐人诗亦称爆竿。后人卷纸为之，称曰爆仗。前籍未见，惟《武林旧事》言：西湖有少年竞放爆仗及设烟火，起轮走线，流星水爆等戏。又言：岁除爆仗，有为果子人物等类，殿司所进假屏风，内藏药线，一爇连百余不绝，盖此等戏，俱自宋有之也。"

由此可知，《山海经》用于驱逐山怪的爆竹，乃原始意义上的"爆竹"，即放在火中烧爆的竹子，而非今天鞭炮意义上的"爆竹"。在清人翟灏看来，后世用纸裹卷火药粉燃放的"爆仗"，最早出现于宋代。这一说法，比较合理，因为和火药的发明与使用的时间具有一致性。

原始意义上的"爆竹"之渊源及其流变的历史，十分古老，向上可追溯到4000余年前的燧人氏时代。那时，人们在取暖和烧烤食物燃烧竹子时，发现火光及竹子的爆炸声可使凶猛的野兽逃之夭夭。因此，人们相信爆竹也能驱鬼除瘴。所以，人们在过年时，就有了"先于庭前爆竹，以避山臊恶鬼"的习俗，并一直延续了下来。

浏阳的爆竹历史悠久，行销各地，可以这样说，只要有爆竹燃放习俗的地区，就有浏阳的爆竹。据《浏阳县志》记载，早在清末，浏阳的爆竹就行销日本、朝鲜及印度等国家。新中国成立后，浏阳的爆竹生产更是突飞猛进，成为当地最大的手工业生产行业，其产品畅销亚、非、拉、北美、大洋洲等世界各地的100余个国家及地区，声誉遍及全球。

(二)江南才子赏灯

"有灯无月不娱人，有月无灯不算春。春到人间人似玉，灯烧月下月如银。满街珠翠游村女，沸地坐歌赛社神。不展芳樽开口笑，如何销得此良辰。"

「元宵节赏灯」

明清以来，江南地区素多“才子”。这些文人不仅风流倜傥，而且兴趣广泛，是各类娱乐活动的积极参与者。上引诗文，即为明代“江南第一风流才子”唐寅在元宵之夜赏灯时，兴趣盎然之余，即兴挥毫而留下的传世《元宵》诗。

元宵节赏灯在长江流域流行较早，并风行各地。民间过元宵又称“闹元宵”，而闹元宵又以“闹灯”为突出。因此，元宵节在民间又称“灯节”，在长江流域许多地方就广为流传着“年三十的火，正月十五的灯”的民谚。元宵之夜，无论是喧闹的城镇，还是偏僻的乡村，处处灯火闪烁，光亮四射。《杭州府志》云，杭州“元宵前后，五夜张灯，通衢委巷，悬额缀彩，皆以锦绣、彩绣为之。如入万花谷中，终夕鼓吹不绝。士女骈集，至有拾翠遗簪者。”历代文人、骚客对此咏颂诗词不绝于书，如南宋词人辛弃疾《青玉案·元夕》云：

“东风夜放花千树，更吹落，星如雨。宝马雕车香满路。凤箫声动，玉壶光转，一夜鱼龙舞。蛾儿雪柳黄金缕，笑语盈盈暗香去。众里寻他千百度。蓦然回首，那人却在，灯火阑珊处。”

关于元宵赏灯之由来，民间有这样一个传说：

西汉武帝时期，一年腊月，诙谐滑稽而又足智多谋的东方朔去皇宫御花园折梅花，刚进园门，就看见一宫娥泪流满面地向一口井扑去，他急忙上前搭救。一问，才知道这名宫娥名叫元宵，家住长安西北山上，家中还有父母及妹妹。她进宫多年，每到佳节，备念家人，心如刀剜，遂生自尽念头。东方朔闻言，救美之心油然而生。他心生一计，对汉武帝说：“火神君”奉玉帝之旨，将于正月十六纵火长安。汉武帝惊惧万分，忙问如何才能化险为夷。东方朔诓骗汉武帝：“火神君”最爱吃汤圆，请皇上传旨让城内百姓做汤圆敬祀“火神君”。这样，“火神君”才会使长安免于一劫。汉武帝依言而办。正月十六这天晚上，长安城内四处张灯，上至天子、百官，下至庶民百姓，倾巢走上街市观灯，城外的居民也纷纷涌入城内赏灯。如此，城中就像起火似的，居民四处走动，形似慌乱，以瞒过站在南天门上监督“火神君”烧长安的玉帝。元宵的父母及妹妹借进城观灯之机与元宵见面，亲人相思之苦得解。

民间元宵张灯，灯架大多由木、藤、麦秸、兽角制作，也有用金属做成的，其上裱糊以纸、绢、绵、绸，饰以各式图案、剪纸。

《武林旧事·灯品》对南宋新安的彩灯类型及制作方法有所记载。当时，灯品繁多，苏、福为甚，新安灯虽出名较晚，但精妙无比。有一种“无骨灯”，以织袋贮粟为灯胎，然后烧缀，烧成去粟，浑然透明似玻璃球，其饰景、物奇巧，无灯可比；珠子灯以五色珠为网，下悬流苏，图形或为龙船，或为楼台、凤辇。此外，还有雕刻精巧的羊皮灯、五色蜡纸灯、深闺巧娃灯，以及罗帛类的百花灯、细眼灯等。

张灯者的政治地位及经济状况决定了其灯彩的规模及华丽的程度。一般而言，富家宦者之灯精致、华丽。《儒林外史》第 11 回所载的江南娄府正厅悬挂的一对精巧大珠灯就是宪宗赏赐的、由内务府制造的武英殿物件；浙江湖州府太守衙门前，曾用彩灯扎成一座鳌山。但无论贫富贵贱，元宵之夜张灯、观灯、赏灯乃每人之权利及自由，人们沉醉于“火树枝柯密，烛龙鳞角张”、“天碧银河欲下来，月华如水照楼台”的热烈场景之中。与湖州繁盛的张灯、观灯情形相比，清代苏州地区则另是一番情景。

据《清嘉录·正月》“灯市”记载，当时苏州“元夕前后，各采松枝、竹叶，结棚于通衢。昼则悬彩，杂引流苏；夜则燃灯，辉煌火树。朱门宴堂，衍鱼龙，列膏烛，金鼓达旦，名曰灯市。凡阊门以内，大街通路，灯彩遍张，不见天日”。

「彩灯」

观灯、赏灯是元宵张灯最为精彩、热闹的部分。哪儿有灯火，哪儿便是人头攒动，人如潮涌。江南民众赏灯之情景，《儒林外史》第11回有湖州情形的描绘：

> “到十五晚上，……湖州府太守衙前扎着一座鳌山灯。其余各庙，社火扮会，锣鼓喧天，人家士女，都出来看灯踏月，真乃金吾不禁，闹了半夜。”

另据明代张岱《陶庵梦忆·绍兴灯景》载，明代绍兴制灯、观灯简直是他地无以比拟的。当时，家家会制灯，人人爱看灯，“自庄逵以至穷檐曲巷，无不灯、无不棚者”。另外，藏人还将元宵赏灯、闹灯之娱与宗教活动融为一体。青海西宁附近塔尔寺的“灯节”是盛大的佛事活动，也就是祈愿法会，藏族称“摩兰钦波”，汉族称“灯节”、“喇嘛社火”或“正月观经”。灯节期间，塔尔寺佛殿布满精美的灯盏，供奉灯香、净水、粮食、干花，展现出各种色泽艳丽、神态逼真的酥油花（油塑）。远近的各族民众蜂拥而至，观赏油塑，欢乐起舞与歌唱，如此持续7天，民族气息与宗教气息浓郁。

与其他地区正月十五举行元宵灯会相比，安徽的徽州则特别，在正月十三晚举行“观音灯会”。这天晚上，每家门前至少八盏灯，大户人家多达六十四盏，灯将门头和檐下的砖雕照得一清二楚。砖雕上有人物、传说故事及山水风景等。人们一边看灯，一边欣赏各户的砖雕，并进行品评。这既是砖雕工艺的竞赛，也是纪念“观音指路”的传说，反映了技师对砖雕艺术精益求精的态度。这一风俗，是由明朝砖雕艺师发起而相沿成习的。

「观音灯会」

传说徽州古代有个名为鲍四的人，原先从事烧窑。他看到徽商发了财，花销大方，钦羡不已，遂“弃窑经商”。不出几年，他果真发了大财，并成为徽商首富。有一年，他在江苏淮安修一条商业街，动工前先在街头建了座鲍四庙，塑了一尊全身像。这时来了一位妇人，手抱一只插着杨柳

「徽州砖雕」

枝的瓶子，对鲍四说：“鲍老板，你有多少钱，敢夸海口修一条鲍四街？你有多大的德行，敢建庙塑像，受万民香火？”鲍四闻言，态度傲慢地说：“我钱财无限！”“哈哈，天下只有‘技艺无限’，哪有什么钱财无限？”鲍四要与妇人打赌。双方约定，妇人放朵莲花在地上，鲍四便放上一只元宝，看谁多。若鲍四输了，元宝白送给淮安人，砸庙毁像；妇人输了，莲花送给鲍四装饰街面，准鲍四建庙受民香火。结果，鲍四输了。淮安人就用鲍四输掉的元宝修建了一条“莲花街”。鲍四身无分文，回到徽州又烧窑。后来，有人告诉他：那是观世音在教诲他“技艺无穷，钱财有限”的道理，点拨他还是好好地烧窑吧！闻言，鲍四幡然醒悟，从此安心在砖上雕刻莲花，烧起莲花砖。后来，他在砖上雕刻花草、鸟兽、虫鱼、风景和人物等。从此，鲍四的砖雕工艺形成为徽州独特的艺术派系，并造就一大批人才。为了感谢观音指引人生之路，以及切磋技艺，不断地提高砖雕技艺和水平，鲍四及其弟子发起了观音会。正月十三举办“观音灯会”的习俗沿袭至今。

耍火把与泼水嬉戏

(一)动人的传说与凉山彝族狂欢

火把节是彝、白、傈僳、纳西、拉祜等少数民族的传统节日，一般在每年农历六月二十四日举行。彝族火把节是彝族年，也是凉山彝族的“狂欢节”。

在彝族地区民间，关于火把节的起源流传着一些优美动听的故事，其中的一个故事是：很久很久以前，天地上下相通。一年，天神恩体古惹派思惹阿比到人间收税。人间因久遭灾害，百姓室罄粮绝，无法上交税赋，一位名叫俄体拉巴的大力士抗税，就将收税人思惹阿比打死了。天神因此大怒，先用滔天的洪水来淹没人类，可人类战胜了洪水。于是，天神又施放出各种害虫来人间吃庄稼，俄体拉巴正在和大家围坐在火塘旁商量着灭虫的办法，无意中发现一只虫掉进火塘里并很快被烧死。于是，俄体拉巴就组织大伙儿举火把驱虫，并最终战胜了害虫，年成丰稔。从此，彝族便有了燃火把的习俗，并逐渐形成火把节。

火是光明、兴旺和正义的象征，象征着能够摧毁一切邪恶势力的强大力量。火把节是彝族人民欢乐、爱情及幸福的日子。

彝族火把节通常欢度三天，第一天为“都载”，意为迎火。这一天，全家欢聚，喝酒祝贺。人们将牲畜肉煮熟后切成坨坨，祭祀祖先与神灵，随后用之佐酒。夜幕降临，人们搭建祭台，以传统方式击打燧石点燃圣火，由毕摩（祭司）诵经祭火。然后，各家各户老人从火塘里点燃用蒿秆扎成的火把，儿孙们从老人手里接过火把，照遍屋内各个角落，然后再从田边地角、漫山遍野地走过来，用火光来驱除病魔灾难。最后集聚在山坡上，游玩火把，唱歌跳舞，做各种游戏。

「彝族火把节」

第二天为“都格”，意即颂火、赞火，是火把节的高潮，整个凉山无比沸腾。当天晚上，数以万计的火把，从四面八方涌向同一地方，形成无数篝火，烧红天空。小伙子们穿着民族节日服装，缠着有英雄结的头帕；妇女们穿着百褶裙，耳坠闪亮，手钏叮咚，会聚于广阔的草坝上，参加着不同的传统体育竞赛。年轻的男子摔跤、赛马、射箭，妇女则唱歌、跳舞和弹琴。人们围着篝火，尽情欢乐，一直持续到深夜，场面盛大，喜气浓烈，享有“东方狂欢节”之誉。

第三天为“朵哈”或“都沙”，意为送火，是火把节的尾声。夜幕降临，人们点燃火把，聚集一处，搭设祭火台，举行送火仪式，祈祷火神、祖先和菩萨赐赏安康、幸福、丰收、快乐。一系列祭祀活动完成后，人们将火把积聚一起，燃成一堆大篝火，以示万众一心，共同防御自然灾害。

彝族有句谚语说：“‘苦什’（过年）是嘴巴的节日，‘都则’（火把节）是眼睛的节日”。意思说凉山彝族火把节大有看头，不仅美丽的姑娘和

「凉山彝族火把上的的斗牛」

斑斓的服饰让你目不暇接，而其精彩纷呈的节目表演更是美不胜收。

当然，最热闹的场所首先是斗牛场。放眼望去，斗牛场红旗猎猎，用红绸扎制的优胜者奖品——彩球被高高地悬挂在杆上，迎风飘扬。四周围观者如山如海，热切地盼望着斗牛的早早开始，各寨参加比赛的硕牛场外静候。当一位德高望重的长者宣布比赛开始后，霎时锣鼓喧天，长号齐鸣，鞭炮声此起彼伏。在万人的喝彩声中，威猛的斗牛入场。两头斗牛相见，分外眼红，夹尾奋蹄，疾冲对方而去。经过几回合鏖战与厮杀，弱者以逃跑而告败。最后，主持人在一片欢呼声中给获胜牛的主人披红挂彩。参加者与观者，兴奋无比，其乐融融。

（二）泼水嬉戏

泼水嬉戏是我国云南傣、布朗、阿昌诸族在泼水节期间所进行的一项重要娱乐活动。泼水节时间为傣历六七月，即每年农历清明节后十日左右。关于泼水嬉戏及泼水节的来历，在傣族民间流传着许多传说，其中一个这样说：

很久很久以前，有一个无恶不作的火魔霸占着西双版纳，已从民间抢去了7个美若天仙的姑娘。有一天夜里，最年轻的姑娘用巧计杀死恶魔，用头发勒下魔头，魔头变为一团巨大的火球，火球滚到哪里就烧到哪里。姑娘们情急之中以水相泼，结果灭了邪火。乡亲们从此开始了安居乐业的生活。为纪念这7位机智、勇敢的姑娘，傣族人民每年都要举行泼水活动，后来逐渐沿袭为泼水节。

其实，泼水嬉戏在我国历史上曾以多种形式存在着。唐代时，我国民间就流行一种名叫泼胡乞寒的游戏。据有关文献记载，它的主要特征是：

腊月之时，以油囊等物为容器装水，互相泼洒，谓之“乞寒”，因其从西域传入，所以又名“泼胡乞寒”戏。这种游戏，在唐代诗人张说《苏摩遮》一诗中称作苏幕遮，是西域节日专门舞蹈，舞蹈气氛热烈，欢腾鼓舞，且与游人同乐，其内容与形式均与泼水节相似。张说《苏摩遮》诗云：

“摩遮本出海西湖，琉璃宝服紫髯胡。闻道皇恩遍宇宙，来将歌舞助欢娱。”

“绣装帕额宝花冠，夷歌骑舞借人看。自能激水成阴气，不虑今年寒不寒。”

“腊月凝阴积帝台，豪歌击鼓送寒来。油囊取得天河水，将添上寿万年杯。”

“寒气宜人最可怜，故将寒水散庭前。惟愿圣君无限寿，长取新年续旧年。”

不难看出，唐代人在寒冬腊月泼水嬉戏的目的是乞寒，并祝福人们年长岁寿、来年吉祥。唐时，皇帝、百官们都十分喜欢泼水乞寒之戏。《旧唐书·张说传》载：“自则天末年季冬为泼寒胡戏，中宗尝御楼以观之。至是，因番夷入朝，又作此戏。”所谓“中宗尝御楼以观之”，可能为《旧唐书·中宗纪》所载的神龙元年（公元 705 年）十一月己丑，中宗“御洛城南门楼观泼胡乞寒戏”。中宗不仅自己观看泼胡乞寒戏，而且曾令臣僚前往观赏，如景龙三年（公元 709 年）十二月乙酉，即“令诸司长官向醴泉坊看泼胡乞寒戏”。上有所行，下有所效。庙堂之上的取向，深刻地影响着民众的趋向，在朝上喜好胡戏的推动下，民间泼水乞寒戏表演特甚，因而引起一些朝臣的反对。如据《唐会要》卷 34 记载，中宗神龙二年（公元706 年）三月，并州清源县尉吕元泰上书谏止泼寒胡戏，其疏辞曰：

「泼水乞寒」

“比见都邑城市，相率为浑脱，骏马胡马，名为苏莫遮。旗鼓相当，军阵之势也。腾逐喧噪，战争之象也。锦绣夸竞，害女工也。征敛贫弱，伤政体也。胡服相效，非雅乐也。浑脱为号，非美名也。安可以礼义之朝，法戎虏之俗？（以）军阵之势，列庭阙之下？窃见诸王，亦有此好，自家刑国，岂若是焉？……非先王之礼乐，而将则四方者，臣所未喻也。……君能谋事，则燠寒顺之，何必裸露形体，浇灌衢路，鼓舞跳跃，而索寒也？”

无独有偶，玄宗先天二年（公元713年）十月，中书令张说亦上疏谏止其事：“乞寒泼胡，未闻典故。裸体跳足，盛德何观；挥水投泥，失容斯甚。法殊鲁礼，亵比齐优。……愿择刍言，特罢此戏。”开元元年（公元713年）十月，初践皇祚的玄宗毅然下令，禁断乞寒：“腊月乞寒，外蕃所出，渐浸成俗，因循已久。自今已后，无问蕃汉，即宜禁断。”

不过，唐时泼水乞寒之戏表演，和云南诸族泼水嬉戏，在性质上大为不同。后者为节日民间娱乐，具有民族性、节日性和娱乐性。

泼水节第一天早晨，村寨里不论男女老幼在沐浴后穿上节日新装，一起前往佛寺赕佛，并在寺院里堆沙造塔。人们围沙塔而坐，聆听佛爷念经；听完经，将一尊佛像抬到院子中，人们为之泼水，称作浴佛。然后，群众性的泼水便开始了。老者从竹筒里拿出一束鲜花，把花上的水轻轻洒向四周人群，大家随后用一枝条蘸着碗中的水，互相泼洒。依傣族习俗，水泼得越多就表示越亲热，越尊敬。后来，大家弃碗不用，干脆改用大盆盛水而泼。

泼水有文、武之分。文泼主要是对年长者而言，晚辈用小勺舀起净水，口中说着祝福的话，拉开对方的衣领，让水顺着对方的脊梁流淌下去。被泼的人高高兴兴地接受祝福，不得躲避，更不得跑开；武泼没有固定的形式和程序，人们或用盆，或用瓢，或用

「泼水嬉戏」

桶，不受限制，彼此间追逐嬉戏，迎面劈头大泼。谁被泼得越多，谁得到的祝福就越多，心中自然高兴，乐不可支。

泼水嬉戏还是青年男女寻求恋人的一种方式，双方彼此爱慕之情常常从中萌发，爱情的烈火在一盆盆、一桶桶清水的浇泼下非但不会熄灭，而且越燃越猛，直至双方情不自制，终成眷属。

乞巧与登高

(一)藏蛛浮针乞巧会

农历七月初七日是我国民间所称的“巧日”、“七夕”，这一天因民间女子独具风采的乞巧活动而成节日——“乞巧节”或“七夕节”。“七夕”晚上，民间妇女祭祈河鼓、织女二星，以追慕天上织女的工巧和牛郎、织女鹊桥相会的恩爱。

关于“乞巧节”的由来，民间流传着许多古老而又美丽的传说。赋予织女、牵牛二星以人的性质和情节的传说，至少在先秦两汉时即出现。如《诗经·小雅·小旻之什》“大东”有云：“维天有汉，监亦有光。跂彼织女，终日七襄。虽则七襄，不成报章。睆彼牵牛，不以服箱。”

从中我们就可以找到关于牛郎、织女故事的滥觞。而汉初《淮南子》中有关于织女于七夕渡河与牛郎相会的最早记录：“乌鹊填河而渡织女”；东晋葛洪《西京杂记》卷1有“汉彩女常以七月七日穿七孔针于开襟楼，俱以习之”的记载；东汉《风俗通义》云：“织女七夕当渡河，使鹊为桥”。这些都说明，汉代已有“七夕节”及相关习俗文化活动。明冯应京《月令广义·七月令》引南朝梁殷芸《小说》有关“牛郎织女”的传说：

「丢巧针」

“天河之东有织女，天帝之子也，年年机杼劳役，织成云锦天衣，容貌不暇整。帝怜其独处，许嫁河西牵牛郎。嫁后遂废织纫，天帝怒，责令归河东，许一年一度相会。”

另外，在安徽、江苏等一些地区流传的“七夕节”牛郎、织女相会的故事中，还涉及王母娘娘。

传说云，牛郎自幼双亲亡故，以放牛为生。待其长大成人后，与其共同生活的哥嫂与他分了家，牛郎仅分得一头老迈的耕牛，牛、人相依为命。一天，牛郎放牛，老牛突然开口说话，告诉了他一个秘密，并吩咐他如何去做。牛郎依言而行，来到一个湖边，藏在树林里。不久，7位仙女从天而降，脱衣入湖裸浴。牛郎按照老牛所嘱，悄悄地将一件粉红色的羽衣藏在树林里。天快黑时，仙女们上岸穿衣，急欲返回天宫，那位最小的仙女无论如何也找不到自己的衣服，其他6位仙女因惧迟归而遭惩罚，只好先飞走了，仅留下了心急如焚的七妹。此时，牛郎从树林里出来了，将衣服恭敬地呈给仙女，并请求她与自己结成夫妻。小仙女一看这位牛郎老实厚道，相貌堂堂，便答应了他的请求，遂结连理。婚后，男耕女织，小仙女因此得名织女。不久，织女生下双胞胎，一子一女，一家人生活幸福、美满。

「牛郎织女」

地上三年，天上三天。三天后，王母娘娘发现小仙女不在天上，一查，方知她在人间已婚配且已生育，煞是恼火，便派人将织女捉拿回天宫。正在田间劳作的牛郎得知此事后，便依老牛临死前的留言，将两个孩子装进筐里，披上牛皮，挑起孩子腾空而追。眼看就要追上织女时，王母娘娘从头上拔下玉簪，在牛郎、织女间轻轻一划，一条汹涌无比的大河——银河便挡在二人之间，牛郎、织女被隔在河的两岸，含情脉脉地相视，却不能相聚。后来，王母娘娘开恩，同意两人每年在农历七月七日这天晚上相会。这天，所有的喜鹊都去天上搭鹊桥，而有一种喜鹊因偷懒而未去，结果落得了这天烂头的下场。据说，牛郎、织女相会时，若你默不作声地呆在葡萄架下，兴许还能听到二人的窃窃情语呢！

牛郎、织女两人的设置及其传说的产生、流传，以及在民间广为开展的“七夕”乞巧活动，与我国早期的农业、畜牧业、渔猎业和手工业的发生、发展有着千丝万缕的联系。有学者曾指出，如果没有“男耕女织”这一中国传统的小农经济模式，天空便不会出现以“牵牛”、“织女”命名的星星，有关牛郎、织女“七夕”相会的神话传说也不会出现，因而民间也就不可能发生丰富多彩的乞巧游戏活动。

伴随着传说的广为流布，“七夕”风俗活动也就带上了神话与巫术的痕迹，并借诸虚幻的天上传说，寄托着人间的乞巧、乞子、乞美的追求。

乞巧活动在古代主要有两种，即卜巧和赛巧，此外还有吃乞果即乞巧会。

卜巧有两种形式：藏蛛和浮针，属于占验性游戏活动，表现出乞巧俗信的轻快节拍。通过占卜，知道自己是笨还是巧。

藏蛛就是“七夕”捉蜘蛛藏在盆中以卜巧的游戏，此戏唐已有之，其法见之于五代王仁裕《开元天宝遗事》卷下：

> “(唐玄宗）帝与贵妃每至七月七日夜，在华清宫游宴。时宫女辈陈瓜花酒馔，列于庭中，求恩于牵牛、织女星也。又各捉蜘蛛，闭于小合中。至晓，开视蛛网稀密，以为得巧之候。密者言巧多，稀者言巧少。民间亦效之。”

另外，《荆楚岁时记》又载曰：

> “七月七日，为牵牛、织女聚会之夜。是夕，人家妇女结彩缕，穿七孔针。或以金、银、鍮石为针，陈几筵、酒、脯、瓜果、菜于庭中以乞巧。有喜子网于瓜上，则以为符应。”

此俗民间广传，直至清末尚存。据光绪年间所修《武进阳湖县合志》卷2载：

“向夕，陈瓜果祀织女星，别供丝……脂粉。又于奁盒贮蜘蛛，晓启视之，以布网为得巧。”

这一卜巧手段，借助于交感巫术的观念，即以蛛丝指代蚕丝，以蜘蛛结网感应人的织绩。选择蜘蛛作为占验凭物，一方面是因为蜘蛛有吐丝结网之特性，另一方面蜘蛛在俗信中本是吉兆之物。蜘蛛俗称“嬉子”，在一些民间吉祥的图案中，也多以蜘蛛代“喜”，如同蝙蝠代“福”、桃子代“寿”一样。蜘蛛之所以称作“嬉子”，主要是因为它肚大腰圆，妇女怀孕亦称“有喜”，蜘蛛因此而成为吉祥之物。在妇女“七夕”藏蛛于盒、进行乞巧游戏的背后，隐藏着乞孕的心理。在江苏昆山蓬朗镇东南，过去有座织女庙，已婚妇女纷纷于七月初六晚结队前去，在庙内的蒲团上坐至天亮，俗信能使自己生出一个像织女一样的巧姑娘。

浮针之戏也是卜巧之一种。妇女们为乞得织女的工巧，于七月六日先准备好一盆或一碗水，次日经日晒，“七夕”于星光月影下将绣针（也有用豆芽、稻芽或草茎之类的）放置于盆水之上，看月光照射下的水底影为何，以卜是巧或拙。若成云成龙成花者，则巧；若如棒如槌如轴，则为拙象。光绪《丹阳县志》卷29载曰：

“(七月初七) 水碗丢针乞巧。先以盎水夜露。曝日中，向午膜生，以绣针投之水面，看水底针影，有如笔、如锥、如算珠者，谓之‘得巧’。”

在古城南京，旧时妇女有以蟋蟀草代替绣针观影卜巧。《金陵岁时记》“七夕七巧”曰：

“七夕前夕，妇女取水一盂，曝烈日中，使水面起油皮，截蟋蟀草，如针泛之，勿令沉下，共观水影中如珠如伞如箭如笔等状，以验吉凶。相传南唐后主生辰，适当七夕，宫人以其时当祝嘏，故预先期而乞巧云。”

一般而言，浮针所用之水多是河水和井水的混合水。光绪《武进阳湖县合志》卷2即载：

“(七月初七)午时取河、井水各半，贮一器曝日中，浮针其上，承日影视之，作宝塔或笔形者，巧。”

河水为地上之水，是阳水；井水乃地下之水，为阴水。河水与井水的掺合，就是阴阳的交合、交融。所以，浮针所用的井水和河水混合液，又称为“鸳鸯水”。

赛巧就是七月初七夜晚，妇女们在月光下比赛穿针，看谁穿得快，谁穿得快谁手巧。

由《荆楚岁时记》可知，早在1700多年前的晋代，荆楚地方的妇女就有了结彩缕穿七孔针的风俗。其后，此风依行，并延及宫中。唐明皇时，宫中赛巧规模空前，用锦彩结楼殿，楼高百丈，其上可容几十人，楼上摆设瓜果酒肉及坐具，用以祭祀牛郎、织女二星。嫔妃们举行穿针比赛时，还有音乐伴奏，宴乐通宵达旦，极为热闹，以致民间纷纷仿效。唐代诗人祖咏在《七夕》诗中就云：

“闺女求天女，更阑意未阑。玉庭开粉席，罗袖捧金盘。向月穿针易，临风（或作迎风）整线难。不知谁得巧，明旦试相看。”

安徽潜山、怀宁一带，每逢七月初七晚上，全村举行赛巧比赛。届时，全村的姑娘都汇集于村中场地，在村中一位有声望的老年妇女的主持下，开始对月穿针比赛，获第一名者，评为“针姐”，扛榜者称为“针妹”。“针姐”还要进行裁剪表演赛，仍是第一名的，方能称为两年一度的“村中巧姐”。此俗在这一地区的盛行已有千余年的历史，据说是从《孔雀东南飞》的女主人公刘兰芝开始的。汉朝的刘兰芝七夕对月穿针，也是常常得“巧”的。潜山、怀宁一带举行这种集体的赛巧活动，一是遵循传统的旧俗，二是为纪念刘兰芝。

吃巧果是江苏、浙江、湖北等地“乞巧会”的一个重要内容。旧时七夕，市上卖油炸面食，因主要用来供祀牛郎、织女双星，故谓“巧果”又名“乞巧果子”、“巧饽饽”。巧果是用面粉加糖制成的，经油炸或氽后食用。江苏多做成苎结形或飞禽走兽状，而杭州等地多做成各种小动物或植物形状，做好后先祭祀牛郎、织女，然后食用。时至今日，吃巧果风俗依存，只是有些地方的巧果已变成了日常食品，湖北一带以菱角代替巧果，浙江台州一带则有送巧人之俗。巧人的做法与做巧果相同，只是果子做成织女身形，头尾染成红色，舅舅、姑父、义父将巧人送给外甥、内侄、义子等，其寓意是祝愿他们找到一个像织女一样的工巧的妻子。

另外，在浙江有七夕以盆在屋顶承露的风俗，名曰“接牛女泪”。清晨，妇女以之擦洗眼睛，信能美似天仙，赛过织女；也是洗发的难得宝物，据说用它来洗头发，不仅乌丝黑亮，而且能逐秽吉祥。

(二)重阳祓禊登高

农历九月初九日是我国传统节日中一个内蕴丰富的民间节庆。登高、插茱萸、饮菊花酒、食重阳糕等习俗传承于大江南北。

> 九月初九日之谓“重阳”，是因为《易经》筮法中以一、三、五、七、九为阳数(即阳爻)，其中“九”又称“老阳”。九月初九日的月份、日数均为“九”，所以称“重阳”，又叫“重九”。

早在汉魏时期，我国就已有对“重阳”这一节令的文化解释。三国魏文帝曹丕的《九日与钟繇书》云：

> “岁往月来，忽复九月九日。九为阳数，而日月并应，俗嘉其名，以为宜于长久，故以享宴高会。”

也就是说，“九”为“老阳”，九月初九日是重阳，具有“长久”的含义，因而民间要在这天举行盛大的宴会和登高。

登高习俗大概在汉代就已出现。《西京杂记》载：“三月上巳，九月重阳，士女游戏，就此祓禊登高。”祓禊是我国古代的习俗，每年的三月上巳日到水滨洗濯，以除凶去垢。可见，早期的重阳登高，其目的是驱灾避祸。《艺文类聚》卷4引南朝梁人吴均的《续齐谐记》记载了这样的一件事：

“汝南桓景，随费长房游学累年，长房谓之曰：‘九月九日，汝家当有灾厄，急宜去，令家人各作绛囊，盛茱萸以系臂，登高饮菊酒，此祸可消。’景如言，举家登山，夕还家，见鸡狗牛羊，一时暴死。长房闻之曰：‘代之矣。’今世人每至九日，登山饮菊酒，妇人带茱萸囊是也。”

其实，重阳登高在此前就已出现。《长安志》记载说，长安附近有一座高台，每到“重九”之日，就有许多人登上高台游玩观景。因此，明代的谢肇淛《五杂俎》卷2就此而曰：“汉初已有之矣，不始于桓景也。”

魏晋南北朝时期，重阳登高活动传至南方一些地区。《荆楚岁时记》云：“九月九日，四民并籍野饮宴”。即重阳这天，荆楚大地的士农工商各行各业的人都要出郊外登高、炊饮。

岁月斑驳，沧海桑田。随着岁月的流逝、沧海的变迁，后来的重阳登高逐渐摆脱了以往祓禊的目的，而以游乐为主，另外还有寄相思和离愁、追求健康长寿等目的。

重阳之时，天高气爽，阳光灿烂，新谷上场，野菊盛开，红叶初上，登高远眺，无限风光尽收眼底。这是一个收获的季节，一个令人心旷神怡的季节。是时亲朋好友相邀，结伴而行，登高饮酒，畅谈人生乐事，其乐融融。唐《岁时广记》引《临海记》曰，在临海郡北四十步，有湖山，重阳节常有三四百人登山宴饮菊花酒；《南齐书·武帝纪》记载，齐武帝于永明五年（公元487年）登九日台宴请群臣；《武林旧事》也对南宋宫中九月初八饮宴、九月初九隆重游乐和登山的活动予以了记载。文人墨客在游乐、登山、饮酒乐陶陶之际，常常赋诗作词，留下了许多脍炙人口的佳作。唐武宗会昌五年（公元845年），诗人杜牧与张祜两人在安徽池州相聚。杜、张重阳登山，面对江南

「重阳登高」

万山葱翠，群雁掠空，浩荡江流奔腾不息的景色，杜牧偕友提壶载酒直上齐山之巅，心情愉悦，赋诗一首《九日齐山登高》，抒发心中之情：

“江涵秋影雁初飞，与客携壶上翠微。尘世难逢开口笑，菊花须插满头归。但将酩酊酬佳节，不用登临恨落晖。古往今来只如此，牛山何必独沾衣？”

登高也有解忧愁、寄相思之意。杜甫九日在四川夔州登高之作《九日》便为解忧愁而作：“重阳独酌杯中酒，抱病起登江上台”。诗人孟浩然《秋登万山寄张五》乃寄相思之一例。他在登湖北襄阳西北的万山时写道：

“北山白云里，隐者自怡悦。相望试登高，心随雁飞灭。愁因薄暮起，兴是清秋发。时见归村人，沙行渡头歇。天边树若荠，江畔洲如月。何当载酒来，共醉重阳节。”

据记载，徐州重阳登高风俗较浓，其情其景由下可窥一斑：山间聚友畅饮者比比皆是，猜拳行令，山鸣谷应。如遇相识，则移席以就，合二而一，热闹非常。欢娱时白日若短，夕阳西下，人影渐长，待山下炊烟四起时，山间喧嚷渐弱，游人眼惺颜酡，儿童挽妇人，少壮扶老人，迤逦下山，踏万家灯火而归。

年老体弱者，多选酒家登楼而饮，饮酒赏菊，食蟹吟诗，其乐无穷。这种活动称作登高求寿，是“春秋多佳日，登高赋新诗”的欢畅情景之一种。

在南方吴越诸地，古时登高赏菊的风俗较奢靡。《清嘉录》卷9记载说，杭州人至吴山登高，山上有“牵羊赌彩，为摊钱之戏”，有“鼓乐酬神，喧阗日夕者”；有的“借登高之名，遨游虎阜。箫鼓画船，更深乃返。”清代人申时行的诗作《吴山行》对此描写道：

“九月九日风色嘉，吴山胜事俗相夸。阖闾城中十万户，争门出郭纷如麻。拍手齐歌太平曲，满头争插茱萸花。……飘缨挟弹谁家子？趾屣鸣筝何处娃？不惜钩衣穿薜荔，宁辞折屐破烟霞。……荧煌灯火阗归路，杂遝笙歌引去槎。此日遨游真放浪，此时身世总繁华。”

我国疆域广大，幅员辽阔，在一些无山地区和城市，登高游戏表现为登楼和登塔，这在前面已有所涉及。近人黄节在重阳登楼后曾著诗《庚子重九登镇海楼》曰：

“东南佳气郁高楼，天到沧溟地陡收。万舶青烟瀛海晚，千秋红树越台秋。曾闻栗里归陶令，谁作新亭泣楚囚？凭眺莫遗桓武恨，陆沉何日起神州！”

在繁华都市上海，由于市区无山可登，人们以登楼代之。20世纪初，上海的先施、永安和新新三大公司的高楼是上海市民常常光顾的地方。重阳节这天，孩子们手捧插有三角小旗重阳糕，和头戴茱萸的妇女、身穿长袍的老人们不约而同地涌向三大公司，登上在今天看来并不算高的高楼，口饮菊花酒，嘴含重阳糕，俯瞰市景，心境怡然。当年《申报》发表的《重阳》一诗，就真实地记录了上海这一登高的游乐形式：

“一年容易又重阳，佳节各花播馥香。雅客良朋会菊酒，祝康卜健假萸囊。长房缩地愧无术，元亮流风夸有方。马路登高何处是？花园屋顶且徜徉。”

由此不难知道，这种登高的游乐，其意义及其快乐的程度，丝毫不亚于登山之高。

赛力竞技

赛力竞技即以比赛力量为基本内容的竞技活动，是民间常见的竞技项目。根据比赛主体数量的多寡，我们可以简单地将之分为众人（集体）竞力、个人竞力两类。前者如拔河、划龙舟比赛等，后者如角抵、摔跤、推杠、扭扁担等。此类竞技主要在劳动民人中盛行。

众人竞力

(一)拔拒抵长河

拔河是我国民间传统的一项集体赛力竞技活动。古代拔河又有“牵钩”、“施钩”、“拖钩”和“拔絙”之称，滥觞于我国人类社会早期的渔猎活动（如猎获大鱼后众人动手齐拉上岸等），后被春秋时的南方大国楚国用于训练水军，成为军训的一项活动。相传楚国攻打吴国前，工匠公输班为楚军发明了钩拉战船的方法。《荆楚岁时记》载曰：

> “为施钩之戏，以缏作篾缆相罥，绵亘数里，鸣鼓牵之。……求诸外典，未有前事。公输子游楚，为载舟之戏，退则钩之，进则强之，名曰‘钩强’。遂以钩为戏，意起于此。”

“施钩之戏”类于今天的拔河游戏；缏，即绳索；篾缆，即绳缆；罥，牵挂的意思。又《隋书·地理志》曰：楚地南郡、襄阳“二郡又有牵钩之戏，云从讲武所出，楚将伐吴，以为教战，流迁不改，习以相传。钩初发动，皆有鼓节，群噪歌遥，振惊远近，俗云以此厌胜，用致丰穰。其事亦传于他郡。”从上述记载来看，关于现在的拔河游戏起源，有两点或可确定，即一则和古代的军事活动密不可分；二则这一运动可能较早发端于长江流域。

拔河的方法是：在地上画两条线代表河界(即河的两岸，与其起源于水战或水兵训练有关)，由人数不定但两队人数必须相等的双方各拉绳索的一端，按既定的比赛规则用力拉绳，以把对方拉过河界为胜。若是参加的单位或人数特别多，则采用分组淘汰的方法进行比赛，最后由获胜最多的两组来决赛。在南方的一些少数民族的村寨中，村寨间的拔河常常是全民动员，全村寨民一起出动，选出体型高大、体重超标、力量巨大者参赛外，其余的人则齐声呐喊，为己方队员加油，不论是输是赢，大家都十分兴奋。

在我国古代，民间拔河运动轰轰烈烈地开展。另外，民间俗传拔河游戏“必致年丰”，深藏宫闱殿廷中的唐明皇受到感染，为祈年岁丰稔，就曾命令北衙禁军表演拔河游戏，并赋《观拔河俗戏》诗一首：

“壮徒恒贾勇，拔拒抵长河。欲练英雄志，须明胜负多。噪齐山岌嶪，气作水腾波。预期年岁稔，先此乐时和。”

起初的拔河是在水上进行，只是后来才移到陆上进行，划界为河。然而，今天的洪泽湖渔民仍保留着在水上拔河的运动习俗，进行着一定意义上真正的、名实相符的拔河比赛。

洪泽渔民水上拔河的裁判，通常由一位深孚众望的长者担任，经大家推举产生。裁判先把标有红色记号的船篙插在水中，在其两边等距离地插稳两根无记号的船篙作为河界的基点。选上两只船，将船尾相对，将一根较粗的网绳系在两只船尾的铁环上。然后，在网绳的二分之一处扣上一根红彩带，作为绳子的基定点，让绳子的基定点与船篙的基定点吻合为一。最后，对双方的参赛队员进行检阅，指挥他们分别走上两边的船。

当裁判口喊“一、二、三”（或吹哨）时，比赛双方队员立即“唰”的一声，精神抖擞地投入战斗，比赛正式开始。参加水上拔河比赛，单靠力量是不行的，比赛时要想发挥较好的水平，还必须掌握一系列的动作要领：双手紧握船篙、收腹、运气、弓腰、后蹲，且几项动作须同时瞬间完成，干净、迅速、利索。当然，比赛双方还各有一名鼓手，鼓手的主要任务，和赛龙舟基本一致，也就是控制比赛的节奏，为队员加油。队员在鼓声的助威下，竭力将船撑向前方，将绳子上的红彩带拉过第二根船嵩。把绳子上的红彩带拉过自己那边无标志之船篙的一方，自然是比赛的胜方。

「水上拔河」

水上拔河的胜方，一般是队员体魄强健、群体配合默契、技巧运用充分与得当的一方。另外，“啦啦队”也是一至关重要的因素，要是队员中的恋人或家属在“啦啦队”里为其“加油”、“使劲”的话，那么这方获胜的希望是相当大的。

水上拔河最为有趣的一幕是在最后。拔河败方由于输局已定，于是就不由自主地一松劲，在冲力的惯性作用下，一个个队员便“叭、叭、叭”地从船上跌进湖中。观者、对手、裁判和“啦啦队”成员甚至连同败方队员自己，也会被此情此景逗乐，情不自禁地开怀大笑，欢笑声随着水浪在洪泽湖水面荡漾，充溢湖的每个角落。

(二)水乡龙舟竞渡

农历五月五日是我国民间传统的节日——端午节。端午节又有“端阳节”、“重五节”、“天中节”、“沐兰节”、“解粽节”、“龙舟节”之称，是夏季最大的一个节日。赛龙舟这一作为岁时象征的节日风俗，具有隐秘的文化内涵。

龙舟竞渡在古代多为倾城聚观的盛会，在长江流域的江浙、荆楚和川湘一带较为流行。1965年在四川出土的战国时期蜀地“嵌错赏功宴乐铜壶”上，就刻有龙舟竞渡的场面，说明战国时这一带的龙舟竞渡活动即如火如荼地开展。每到端午，水边红旗猎猎，代表一村、一族的龙舟代表队聚集于此。竞渡开始时，金鼓震响，呼叫声喧天，桨棹划一，舟子奋力急划，争先恐后，舟行如飞，观者群情激昂，无不因之而欣喜若狂。唐代诗人刘禹锡在《竞渡曲》中曾记下了当时湖南沅江上的龙舟竞渡的场景：

> “沅江五月平堤流，邑人相将浮彩舟。灵均何年歌已矣，哀谣振楫从此起。扬桴击节雷阗阗，乱流齐进声轰然。蛟龙得雨鬐鬣动，螮蝀饮河形影联。刺史临流褰翠帏，揭竿命爵分雄雌。先鸣余勇争鼓舞，未至衔枚颜色沮。百胜本自有前期，一飞由来无定所。风俗如狂重此时，纵观云委江之湄。彩旗夹岸照蛟室，罗袜凌波呈水嬉。曲终人散空愁暮，招屈亭前水东注。”

沅江唐时龙舟竞渡盛况，由此诗可窥枝叶。当时岳州龙舟竞渡的开展，其场景与沅江之规模堪称不相上下。诗人张说《岳州观竞渡》诗对之有记录：“画作飞凫艇，双双竞拂流。低装山色变，急棹水华浮。……鼓发南

「龙舟竞渡」

湖溠，标争西驿楼。并舟常诧速，非畏日光遒。”其时，开展龙舟竞渡，有箫管演奏古老祭祀乐曲相伴，船夫情绪饱满，唱着激越高亢的船歌，鼓声“咚锵”，欢呼声东起西伏，一片热闹非凡的场面。

宋、元、明、清时期，龙舟竞渡规模日益庞大，其形式因地区而异。武陵沅湘一带的竞渡活动以气势磅礴、船大人多和风格粗犷豪迈而著称；杭州一带竞渡则以仪式繁多、花样复杂和表演性、娱乐性强而突出；瓜洲至镇江一带的竞渡以船多与船饰富丽堂皇而闻名；荆楚之地的竞渡则五彩缤纷，美不胜收。苏杭一带龙舟竞渡的情景，不妨以无名氏《划龙舟》诗来反映：

“汨罗已死三千年，招魂野祭端阳前。苏杭龙舟夸绝胜，百万金钱水中迸。冶芳浜口斟酌桥，楼头水面争妖娆。小龙船划疾如驶，大龙船划乱红紫。胜会争夸十日游，青帘画舫结灯球。四更堤外笙歌散，博得人称假虎邱。”

荆楚作为“千湖”之地，龙舟竞渡活动普遍。清人黄士瀛在观看了故乡湖北松滋端午龙舟竞渡后，不禁被其场景所感，赋诗一首以抒怀，这首题为《盘溪观龙舟竞渡》诗云：

“紫云宫前擂大鼓，乡人竞渡作重午。灵均孤忠自千古，凭吊遗俗遍三楚。竭来观者如堵墙，万目睽睽引领望。彩旗一挥百棹忙，踊跃直趋波中央。一龙矫首牙爪张，一龙含尾低复昂。群龙奋鬣互腾骧，陆离五色生辉光。金鼓嘈杂声镗镗，拿云喷雾纷回翔。锦标一夺群披猖，旁观亦觉兴飞扬。欢呼尽饮挥蒲觞，瓦篷深惊在绿扬。”

龙舟竞渡早已有之，但起于何时及因何而起，却一直众说纷纭，莫衷一是。概括起来，有以下几种说法：

第一，发端于以龙为图腾的原始祭祖活动，犹如古越人文身作龙纹以

「龙舟赛」

像"龙子"一样，是一种拟龙悦神、获取佐佑的原始宗教行为。其目的是祈龙赐雨，兴农助农，反映了原始农耕社会的基本追求。

第二，起始于驱瘟逐疫的原始保健文化。水有洁身去污之性，古人视之为可以祓除不祥、驱逐瘟疫的圣灵之物，所以上古有沐兰之俗，后世则有在河里洗身、泛舟中流的逐疫之举。另外，河川将陆地分为彼、此两岸，民间有"隔河千里远"的说法，彼岸的世界难以测知，因而被想象成为一个极其遥远的、与此岸生活毫不相关的另一个世界，而这个世界正是打发鬼祟、疫疾的最好去处。江南水乡的龙舟竞渡的习俗反映了人们欲将一切祸患遣送彼界、获取安康的原始信仰。

第三，发源于纪念伍子胥。吴国大将伍子胥助吴伐楚，曾破楚都郢城，又大败越国。后被谗害至死，尸体被投钱塘江，但随波逐浪而不沉，时人颇感惊异，以为"涛神"，于是每年农历五月五日驱舟逐潮以祭之，并逐渐成为风俗。

第四，缘于纪念越王勾践。越国被吴所灭，国王勾践被俘，后被放归。为报仇雪恨，在五月五日暗建水师，借竞渡之名而操练之，公元前476年，吴为三千越甲所吞。是乃清代文学家蒲松龄名句"苦心人，天不负，卧薪尝胆，三千越甲可吞吴"典故的由来。而这一历史事件，也成了端午节龙舟竞渡的来源。《事物原始·端阳》云："《越地传》云，竞渡之事起于越王勾践，今龙舟是也。"《岁时广记》卷21亦云："《越地传》云，竞渡起于越王勾践，盖断发文身之欲，习水而为战者也。"可见，龙舟竞渡或为效仿越地水师之行为。

第五，对曹娥的纪念。曹娥是东汉时的一位孝女，为寻找其父而投江自尽。《会稽典录》曰：

> "女子曹娥，会稽上虞人。父能弦歌为巫。汉安帝二年五月五日于县江泝涛迎波神溺死，不得尸骸。娥年十四，乃缘江号哭，昼夜不绝声，七日，遂投江而死。"

据传说，数日后曹娥抱其父尸而出，人们因其孝感天地，便以龙舟竞渡以示纪念。

第六，源于对三闾大夫、诗人屈原的纪念。南朝梁的吴均在《续齐谐记》云：

> “楚大夫屈原遭谗不用，是日（指五月五日——引者注）投汨罗江死，楚人哀之，乃以舟楫拯救。端阳竞波，乃遗俗也。”

《荆楚岁时记》亦记云：

> “五月五日竞渡，俗为屈原投汨罗日，伤其死所，故并命舟楫以拯之。舸舟取其轻利，谓之‘飞凫’，一自以为‘水车（或作水军）’，一自以为‘水马’。州将及士人悉临水而观之。”

以上诸说中，以祭屈原之说最为流行。那么，屈原故里的秭归龙舟赛又是一番什么样的情景呢？

千百年来，秭归人民从未忘记屈原这位伟大诗人和爱国者。每年五月初五日，人们便用祭江的仪式来祭悼屈原，其龙舟赛堪为荆楚之冠。

秭归的龙舟比别的地方扎制得更为考究：龙头高翘，须髯飘拂，二目圆睁，双唇红润，龙尾微翘可以摆动，除船底外，整个船身涂有彩色。

大赛开始前，各路龙舟从四面八方驶向距县城约一公里处屈原沱。传说屈原投江后，其姊梦见屈原驾龙舟而还，便第二天在江边等候。只见一条头似艨艟、背鳍如帆的大红鱼溯江而上，游到这个后来命名为“屈原沱”湾里，把屈原尸体吐出浮在江面。乡亲们就把屈原埋在沱湾岸边，并建庙祭祀，将沱湾取名“屈原沱”。积聚在屈原沱的每一条龙舟上，一律十几对划手，另有站船头领号子者、打腰旗者、打鼓者、拖艄（船尾掌舵）者各一，合计 2 人。

「秭归龙舟」

三颗白色信号弹升空后，龙舟比赛正式开始。红、白、紫、青、黄、金、蓝七条彩舟，宛如离弦之箭，飞一般地冲向对岸。此时，震撼人心的龙船号子飘荡在江面：

“屈大夫喂，嘿咗！嘿咗！我哥回哟，嘿咗！嘿咗！……”

歌声此起彼伏，反复不断，场面颇为壮观、动人！

秭归龙舟赛另一个特异之处，就是其高潮之后的“游江”活动。游江时，七条彩船在对岸排好队，然后缓缓地向屈原沱起点线划来。在歌手的领唱下，彩船上200余名划手，以激昂悲壮的声调，共同唱起古老的《游江歌》：

“三闾大夫啊听我讲，你的魂魄不可向东方。东方有魔鬼高数丈，人到那里心受伤。”

“三闾大夫啊听我讲，你的魂魄不可向西方。西方有流沙千万里，流沙滚滚人遭殃。”

“三闾大夫啊听我讲，你的魂魄不可向南方。南方有蛇和大蟒，虎豹豺狼把人伤。”

“三闾大夫啊听我讲，你的魂魄不可向北方。北方有冰雪盖大地，草木不生万物丧。”

“三闾大夫啊听我讲，平平安安回故乡。故乡儿女怀念你，三闾大夫回故乡。”

唱到最后，划手们手中挥舞着彩色的短桨，向岸上潮水般的人群致意，同时向水中抛扔用五色丝线捆扎的粽子，据说这样包裹的粽子才不致于被水中的蛟龙抢走。此时，整个江面和岸上一片欢呼，屈原沱一片沸腾。

在长江流域，几乎每个地方都有赛龙舟的习俗，并且有些地方的龙舟赛还发展为有其他国家参加的国际性赛事，如秭归的国际龙舟赛、九江“庐山杯”国际龙舟赛等。因此，龙舟竞渡这一竞技活动远远突破其在江南水乡开展的地域限制，成为一项全民乃至全球参与的竞技项目，其原始意义上的目的已逐渐淡出，其娱乐性质占主导地位，但仍不失为连接华夏儿女、增加中华民族凝聚力的纽带。

个人竞力

扭扁担

四川民间体育活动，多与生产有关，职业性较为明显，如农家扭扁担、抬工抵杠子、川东农户游山、船工弄竿等。

四川多丘陵与山地，旧时交通不发达，车辆少，其货物运输多依靠肩挑、背背，农业生产中也多挑粪担谷，故川内农家少不了扁担。每逢挑担闲时，人们三五成群即于田头、工地、道途之中，以扁担为器械，进行角力竞技活动，最常见的即是简便易行的扭扁担。具体方法是：二人双手各持扁担一端，向相反方向扭转以定胜负。扭扁担也有单手的，多取侧向而立，平伸手臂。扭扁担主要是腕臂力的较量，也要有一定的技巧，一般以沉肩挺肘为佳。扭动时扁担不许接触身体，将扁担扭转一周为胜。

川东苗族、土家族地区，还流行扁担拳，由棍术、刀术结合扁担的特点编成套路，动作以劈、扫、点、打、架为主，步法类似使棍，扁担拳操练起来“呼呼”有声，人多以强身自卫。

也有抵扁担的。两人用扁担一根，各将一端抵在腰间，双脚成弓箭步，用腰部发力，向对方推行，退者为负。与此类似的是抬工抵杠子。

山城重庆为西南最大的商贸中心，货物往来频繁，加以上下坡陡，故以抬运重物为业的人很多，今市中区抬工人数即以万计。俗云：“三抬四歇”，因劳动强度大，抬工歇息时间多，其稍歇时，抬工便以抬杠为器械作竞赛娱乐活动，最常见的是抵杠子。抵杠子由两人进行，分为腰顶、肩顶、掌顶三种，腰顶类似羌族的“推杆”，掌顶则有直臂掌顶、以掌承扛曲肘于胸或反手托抵置于腰际之分。这项活动是较量耐力和爆发力的剧烈全身运动，直至一方后退或被对手爆发力击倒为止。还有一种活动是玩杠子，如同跑江湖者“滚叉”，杠子被搓动后沿两臂、肩背、胸腹、腿脚连续滚动，尚有手足抛接滚杠的动作，技艺娴熟者玩起来令人眼花缭乱，为之叹服。

「扭扁担」

同样地，船工也以撑船用的篙竿为戏。川中河流繁多，船筏无不用篙竿，竿长达二三丈，船工则以之为武器，舞动时似武术中的长枪，因篙大重长，难度较大，动作惟刺、扫、摆、打。闲时船工亦好在沙滩河坝相竞戏，赌“撑竿上坎”或“撑竿跑远”，其助跑距离甚短，不过三五步。村中儿童也常以撑竿跑越溪沟赌胜负，唯彩头只是猪草、野果之类。

船工竿戏中，还有一种是“旋竿”，持竿助跑几步，迅急插竿入地人腾空旋转，以所转圈数多者为胜。此外还可双方各出数人，持竿相拔，作拔河状。

川江船有高桅，故船工也有爬杆之戏。爬杆方式较多：一为“猴儿爬杆”，直臂抱杆，双脚蹬杆而上；一为“蚂蟥爬杆”，双臂抱杆，双足盘蹬而上；一为仰身爬杆，收腹卷身而上。在杆上尚有表演动作，如侧平衡等。村童则多为爬树。彝族、苗族等少数民族，也有爬竿活动，杆顶置有肉、枪弹等奖品。

川东为巴人故地，狩猎之风尚存。每至冬春农闲季节，村寨农户结伴成群，牵犬携枪，上山打猎。今森林日稀，山上雉、兔、野山羊等绝少，即使在山中转上几天几夜，也难以猎获野物，但这一传统习俗仍未改变，村中青年仍提枪而行，只不同的是反而携酒背肉上山，“冬狩”演变成为游山罢了。

赛技巧竞技

赛技巧乃以比赛技巧为内容的竞技活动。其项目在发展中比赛力竞技更加多姿多彩。技巧包括许多方面，大致分为单一技巧活动和综合技巧活动两大种类。具体活动如赛马等赛动物技巧、荡秋千与爬竿等空中技巧赛，以及踢毽子、射箭等其他赛技巧活动。

赛动物

藏族赛马

藏族体育历史悠久，传统体育丰富多彩，赛马则为藏族百姓最为喜爱、流传最广的一项重要运动，藏族赛马历史悠久。

相传公元729年山南桑耶寺落成庆典时，全藏曾举行过一次盛大的、历时半月的赛马大会；公元9世纪，赛马开始在吐蕃各地风行，但基本限于王室、贵族等，民间尚未流行。直到13世纪，赛马在西藏各地盛行。今天，赛马习俗在藏区各地方兴未艾，骑马斩劈、马上射击、马上挥旗、马上献青稞等花样繁多，并衍生出马球、马术等项目。

那曲镇位于藏北之冲，青藏铁路、109国道（京拉公路）、317国道（川藏公路）穿镇而过，交通便利，是藏北繁庶重镇。古老而又享有盛誉的一年一度赛马会是那曲镇最隆重的节日。

那曲镇赛马场设在镇东南的一片辽阔的草坝里，那些专为赛马而制作的帐篷，犹如一朵朵盛开的白莲，使草坝看上去像是一座帐篷城。

以前，藏北高原以部落或地方为基本单位，每年至少进行一次较大规模的赛马活动，有的地方则根据宗教节日或临时需要（如部落首领举行生日、婚礼庆典等等）则举行两三次。

「藏族赛马」

那曲镇的赛马会，既是传统的民族节日和民族体育盛会，也是农牧产品物资交流大会。所以，牧民们将参加赛马的事情看得十分重要，参赛前要认真做好各种准备工作。

第一是选马。根据藏族驯马经典《达布西》，马有五类，每类又有互补的两种：大、小，长、短，黑、白，阴和阳，头高和头低等五类十种，因其类别有异，训练方法相应有所区别。

第二是驯马。一般而言，赛马专用，不能用于力役。在寒冷冬季的藏历十月二十九、十一月二十九、十二月二十九的上午，给马洗冷水澡；夏季初临，每周练一次奔跑，每次结束时，也要给马洗澡。行将比赛前，每天练两次，每次都要给马洗澡，并用羊毛毡为之保暖。每天练跑里程不能低于 25 千米。经过几个月训练后，赛马强壮，皮毛油亮。训练期间的马料不仅不能含糊，而且还颇为讲究，饮用牛奶和羊奶，而山羊奶为上佳，加些冰糖更好。同时，要喂少许洗净磨细的青稞面或豌豆粉。赛前几小时，喂食红糖、青油合拌的糌粑，适当掺点预防伤风感冒、跌打损伤之类的中草药。另外，还要用滚烫青油擦揉马的额角、耳根、腰部及蹄窝、膝关节等部位，以防比赛中这些部位出血。如此精心调理，就是让赛马体质健壮，精力充沛，比赛时赛出好成绩。

一般情况下，赛马活动多在藏历六七月间气候最佳的时间举行。比赛项目主要有长途赛、短途的高速赛、跑马打靶、快马射箭、拣哈达等，而最为精彩的则是马上花样表演。

参赛马匹全身饰以红、绿、黄、蓝、粉诸色彩绸，马鞍马镫缀以彩穗或玑珠，并搭上织有龙凤、花鸟图案的卡垫(小卧毯)。马头簪上鹰翎、雁翎、孔雀翎，马尾巴饰红绿彩色，飘飘洒洒，令人眼花缭乱。

骑手的服装也艳丽夺目：或身着天蓝、藏青、浅绿藏袍，红色灯笼裤或者蓝色和黑色运动裤，脚蹬长筒马靴；或上身穿白色长袖衫或袒胸露背，仅披皮护肩；或背挎箭囊，头缠彩绸巾。无不精神抖擞，帅气十足。

参赛人马入场后，骑手们高踞马背，贴着马头拉紧缰绳，虔诚地环绕场中央巨大的焚香台转一圈。焚香台烟雾缭绕，台前一大群席地而坐的红衣喇嘛念经祝祷。一声枪响，一匹匹赛马如离弦之箭，脱兔般飞离起跑线。各地长途赛距离不一，少则三五里，多则八里十里，那曲镇规定的赛程是七千米。参加长途赛的多为少年选手，而短途赛选手多为骠悍的青壮年。

拣哈达比赛甚为精彩。组织者把哈达间隔均匀地铺在跑线上，要求赛手们从疾驰的马背上俯身拣拾，比赛对速度、数量都有要求，拣拾数量多者获胜。在一片惊天动地的呐喊声中，选手们如飞燕凌空、蜻蜓点水，动作轻盈敏捷。

煞为动人的景象是集体马上射击表演。领队者骑着棕色大马，上着红夹袄，下穿箭裤，高擎红旗，率领马队绕场一周。选手返回原地后开始一对一对的表演。表演分火枪射击、弓箭射击两类。火枪表演要在疾驰的马背上举起猎枪，手执火绳，接近靶子时，点燃火枪，瞄准目标射击；弓箭射击表演时，弓箭手取弓搭箭，快马骑射。射击比赛高手云集，无不百发百中，弹无虚发。

赛马会期间，还有跳“锅庄”、打藏牌等娱乐项目。藏民能歌善舞，男女相间，手臂相挽，踏足为拍，围成大圈，边歌边舞，男女一唱一和，一班方止，另一班又跟上，有时是彻夜不眠。

关于藏族赛马会的起因，说法多样。或谓源于尚武精神，1000多年前的格萨尔即因赛马夺魁而称王；或称藏政府收税官每年夏天来征税，需召集牧民，顺便举行赛马会，庆贺完税；或认为赛马起始于后藏江孜，江孜法王为纪念父亲每年举行祭祀，到藏历火鼠年（公元1408年）祭祀时，除展现佛像轴画和跳神等活动外，还有跑马、角力、负重等活动，到了公元1447年又增加了跑马射箭等。从此，江孜开始形成达玛节——跑马、射箭；而藏北人说，公元13世纪上半叶，西藏归入元朝版图，受元世祖忽必烈敕封的西藏萨迦法王八思巴，继吐蕃王朝之后，创建了西藏历史上的第二个统一政权——萨迦王朝。为了纪念这一历史意义的事件，西藏各地在七、八月间，纷纷举行以赛马为主的各种民间文化体育活动，时间为三五天。

「赛马会」

空中悠悠

少年儿女重秋千

秋千，又作“鞦韆”、“彩索”、“红索”和“彩绳”等，是我国传统竞技娱乐活动，自古及今开展得十分普遍。唐代诗人王建在《秋千词》诗中，曾对当时少年儿女自由荡秋千的英姿和欢乐神情进行了描述：

“长长丝绳紫复碧，袅袅横枝高百尺。少年儿女重秋千，盘巾结带分两边。身轻裙薄易生力，双手向空如鸟翼。下来立地重系衣，复畏斜风高不得。旁人送上那足贵，终赌鸣珰斗自起。回回若与高树齐，头上宝钗从堕地。眼前争胜难为休，足踏平地看始愁。”

少年儿女坐上秋千，巾带两分，身轻裙薄，袅袅婷婷。她们为了一点赌物，施尽浑身的解数，力求把秋千高高荡起，次次荡得与树平齐，以致头钗堕地也不顾。

关于荡秋千的起源，民间有几种不同的说法：

「 庭院里荡秋千的古代女子 」

其一为西汉武帝后庭的一种游戏，原意为“千秋”，寓指长命百岁、千秋永存，后倒语为“秋千”。如宋时《靖康缃素杂记》引许慎《说文·后序》徐注（指北宋太宗时奉旨校定《说文》的徐铉——引者注）即说：“案词人高无际作《秋千赋》序云：秋千，汉武帝后庭之戏也，本云千秋，祝寿之词也，语讹转为秋千，后人不意本，乃旁始加革为秋千字。案秋千非皮革所为，又非车马之用，不合从革。”

其二是源于北方少数民族，春秋时传至中原。《靖康缃素杂记》引《古今艺术图》："秋千，北方戎戏，以习轻跷"。不过，此语不甚明了；清代《通俗编·俳优》引《古今艺术图》愈为明确、具体："鞦韆本山戎之戏，自齐威公北伐山戎，此戏始传中国。"

其三是古时中原妇女仿山戎之戏加以改进而成。宋代高承《事物纪原》卷8引《古今艺术图》："北方戎狄，爱习轻跷之态，每至寒食为之。后中国女子学之，乃以彩绳悬树立架，谓之秋千。"引文中的"学之"，原作"李芝兰"，是人名，今人经考证后改之。

其四是源于消灾弭难。相传古时瘟疫流行，百姓纷纷祈求玄天上帝免灾赐福。一人偶见其女荡秋千，触动其灵机，以为千秋高荡入云，人与天神更加接近，于是提倡开展秋千比赛的竞技活动。可能因此之故，唐玄宗曾将荡秋千称作"半仙之戏"。《开元天宝遗事》："天宝宫中，至寒食节，竞竖鞦韆，令宫嫔辈戏笑，以为宴乐。帝呼为半仙之戏，都中士民因而呼之。"

另外，宋代还出现了把荡秋千与跳水相结合的水秋千：船上高树秋千，人坐横板，秋千高荡，人从高空中翻筋斗跳入水中。《东京梦华录》卷7记曰：

> "驾先幸池之临水殿，锡燕群臣。……近殿水中横列四彩船，上有诸军百戏，……又列两船皆乐部，……又有两画船，上立鞦韆，船尾百戏人上竿，左右军院虞候监教，鼓笛相和。又一人上蹴鞦韆，将平架，筋头掷身入水，谓之'水鞦韆'。"

秋千因制作方法和荡玩规则不同而分为吊秋千、转秋千和磨秋等类。

吊秋千是用树木或竹竿树立作秋千，在秋千架上悬挂两根绳索，下面拴系一块横板即可。荡秋千时，一二人站或坐在横板上，手握两绳，使劲用力。使绳索前后摆动，以荡的高低来决定胜负。自古迄今，文人雅士们留下了数以千万计描写吊秋千的活动。唐代诗人王维《寒食城东即事》云：

> "清溪一道穿桃李，演漾绿蒲涵白芷；溪上人家凡几家，落花半落东流水。蹴踘屡过飞鸟上，秋千竞出垂杨里。少年分日作遨游，不用清明兼上巳。"

转秋千又称“转转秋”和“纱车秋”。我国云南少数民族在从事转秋千活动时，一两根立柱之间挂一个“十”字交叉形的秋千架，十字交叉的每头置一副秋千坐板，其上各坐一人，当转到下面的一个人用力蹬地时，空中另外三个人用力下拉和下坐的力量，使秋千作上下旋转运动。

磨秋有转磨秋、磨担秋之分。转磨秋为一柱中立，顶端置一轴，上系许多绳子，下用绳子拴系多块铁环或踏板。玩者坐在踏板上或抱环旋转为戏。

磨担秋是云南哈尼、彝族青年男女喜欢的活动。担秋是在地上树立一根直木，直木上方顶端削成圆尖，然后架上一根中心有圆孔的横木杆。木杆两端各坐或趴一人，双脚使劲蹬地，使横木杆绕直木上下或转圈运动，犹如翘翘板。节日期间，青年男女骑上担秋，你追我赶，为节日增加不少欢乐气氛。红河哈尼族磨担秋多在每年农历六月二十四日的苦扎扎节（亦称六月年）举行。苦扎扎节是红河哈尼族盛大传统节日，相当于汉族春节。节日间，民众身着五彩缤纷的节日盛装，成群结队地聚到磨秋场，以磨秋戏为乐，欢度节日。按照规定，磨秋杆必须是黑夜砍好后，由小伙子在黎明前扛回来。他们一路唱着山歌，把秋杆抬到寨边秋场，并制作担秋。磨担秋活动由几个德高望重的老者“开秋”，在将担秋象征性地甩了几圈后，一对对姑娘、小伙相继轮流磨转。担秋升降起伏，舒缓有度，速度越快，围观者情绪越高，并不时加油助兴，气氛热闹非常。

每年农历的四月初八日，是四川秀山苗族的“赶秋节”。这天，苗族同胞无不穿着节日盛装，兴高采烈地从四面八方潮水般涌向苗乡传统的集会地，参加一年一度的盛会。节日里，人们要从事各种娱乐活动，打秋千是其重要的娱乐竞技项目。秀山苗族的秋千架高10余米，呈纺车状，8架车辐相互错开，每架可坐一人。秋千停止转动，人们纷纷下跳，最后一个跳下者受罚唱歌。当然，其中不乏故意最后跳下者，意在寻机一展自己嘹亮的歌喉。

「彝人磨担秋」

赛技艺竞技

赛技艺就是以比赛技艺为主要内容的竞技活动。此类活动以各种民间棋类竞技比赛为代表。因此，博弈竞技经常被作为赛技艺的重要内容。除此而外，丰富多彩的民族武术比赛，以及流行于今南京地区的击壤等，也都属于赛技艺的范畴。

博弈竞技

(一)江南多善弈者

南朝志怪小说《述异记》卷上记载了这样的一个故事：

“信安郡有石室山，晋时王质伐木至，见童子数人棋而歌。质因听之，童子以一物与质，如枣核，质含之不觉饥。俄，童子谓曰：‘何不去?’质起，视斧柯尽烂。既归，无复时人。”

故事梗概是：西晋时，有一位名叫王质的樵夫到石室山砍柴，见两个童子在下围棋，王质便上前观赏。看了一会儿，童子递给王质一枚像枣核一样的东西，王质吃后，便觉得腹中不饥。于是，王质干脆把斧子放在一边，坐下静心观棋。又过了一会儿，一童子对王质说：“为什么还不离开。”闻言，王质起身，却发现自己的斧柄已全部腐烂。返回村庄，其家已面目皆非，村中也没有相识的人。原来，这盘棋已经下了百余年，只不过因为王质太专心观棋而不觉得罢了。这个故事就是围棋别称“烂柯”（除此之外，围棋尚有“坐隐”、“手谈”、“忘忧”等别称）之由来。故事反映了围棋莫大的魅力，以致一个樵夫都对之产生了兴趣。

围棋之起源，先人归之于传说中的尧。《世本·作篇》记载说：“尧造围棋”。张华之《博物志》亦作如是说：

“尧造围棋,以教其子丹朱。或云舜以子商均愚,故做围棋以教之。”

另外，南宋《路史·后记》曰：

“帝尧陶唐氏，初娶富宜女曰皇，生朱，骜很娼克，兄弟为阋，嚣讼嫚游而朋淫，帝悲之，为制弈棋以闲其情。”

不论以上记载是否属实，但世人一致公认：围棋最早源于中国，至迟在夏商时期既已出现。

春秋战国时期，围棋已广为流行。那时，人们称围棋为“弈”。《说文解字》释“弈”为“围棋也”。《春秋左氏传》襄公二十五年（前548年）记载太叔文子规劝卫献公时，曾以“举棋不定”为喻：

> “宁子视君不如弈棋，其何以免乎！弈者举棋不宁，不胜其偶，而况置君而弗定乎！”

并且，这一时期还出现了一位名为弈秋的围棋高手。《孟子》中有“弈秋，通国之善弈者也”文句。其后，神州大地围棋爱好者不胜其数，长江流域善弈者辈出，其中包括地位至尊的皇帝和广大平民百姓。

皇帝爱好下围棋者，当以梁武帝萧衍最为突出。萧衍酷爱下围棋，每次与臣子到溉下棋，必定是通宵达旦，因此有不少逸闻趣事。到溉常因对弈持续时间太长而支持不住，一边下棋，一边打瞌睡，萧衍因而取笑他“状若丧家狗，又似悬风槌”。意思是说到溉既像丧家之犬，无精打采；又似迎风悬挂的棒槌，东倒西歪。“悬风槌”即悬挂在空中的木槌，随风飘荡，东摇西晃，酷似人打瞌睡的样子。梁武帝这一取笑臣下之语，不仅到溉从此获有“悬风槌”绰号，因为皇帝御赐，到溉也乐于接受，逢人便称“在下悬风槌”；而且中国文化史上因此有了一个典故，后人遂用“悬风槌”比喻人打瞌睡。萧衍与到溉除一般对弈外，又常常赌注以物，到溉虽棋艺不差，倒也不能和皇帝一争高下，所以他多是落败，以致家中后花园一块名贵怪石和《礼记》善本书，都统统“输”给了萧衍。三国时的几位显要人物，如曹操、孙策与诸葛瑾等都是围棋高手。魏晋南北朝时期，玄学清谈之风弥漫，江南之地的文人雅士多以围棋为消遣工具，称围棋为“坐隐”、“手谈”。此风余韵犹存，在今天的四川，无论是公园，还是在马路边、茶馆，四处可见对弈之人。

「对弈图」

上层名流喜爱围棋，在下的平民百姓自然对之也情有独钟。据《南史·崔慧景传》记载，南齐时，浙江东阳郡（治长山县，今金华）有位名叫娄逞的才女，不仅喜欢下棋，而且对棋道颇有造诣。为了能与围棋高手对弈，她女扮男装，周游各地，遍访名家，出入豪门，与达官贵人频频交往，谈文论艺，棋艺飞进，锦上添花，并因此而走上仕途，当上扬州议曹从事。后来，其真面目被人识破，被告至齐明帝。齐明帝查验其真情，并没有责怪她，而是让她着女装回到老家。

古时，江南围棋水平究竟有多高，由下面两个例子便可窥一二。唐代围棋高手、隐居天台山的司马承祯道士，以与人对弈为乐。一次，他听说离桐柏宫不远的一个山村里有一户围棋世家，便派道徒前往邀请。恰巧被一位放牛归来的孩童遇到，这位牧童便自告奋勇地要去对弈。经其年迈爷爷允许后，孩童赶往桐柏宫。司马承祯见来者竟然是一位小毛孩，哪把他放在眼中。可刚走几着，司马承祯就觉得这个孩子思维敏捷，非一般对手。孩童见司马承祯落子犹豫，动作缓慢，就有点耐不住性子，于是便自己要玩去了。回来时见道士已投子，就很快地回敬一子。这样下到终盘时，孩童仅以一子之差而告败。其后接连两天，司马承祯都邀请孩童前来对弈，因为他深知孩童的棋艺在己之上，决非在己下。最终，司马承祯登门拜师，与孩童及其爷爷成为棋友。

明代是围棋发展的一个重要历史时期，高手层出不穷，且形成了许多流派，在当时的流派中，江南的永嘉派、新安派稳占鳌头。据《五杂俎》记载，明万历三十三年至三十四年（公元1605—1606年）间，全国围棋高手云集南京。新安派的方子谦、吕存吾、汪曙，永嘉派的郑头陀，闽中蔡学海，南京六合王元所，吴中范君甫诸高手都参加了这场国手大赛，经过激烈的角逐，南京六合王元所大获全胜，赢得了“第一手”之誉。

《清稗类钞》记载说，清代围棋高手范西屏与施绍闇曾同在今扬州（时称广陵）客居，借住于一乡村私塾。两人一日无事，就与私塾里的童子对弈戏玩，先是施绍闇出马，出乎意料的是，施绍闇竟输给了童子；于是，范西屏出战，结果同样也是被击败。

在围棋实战的基础上，产生了一些围棋理论的著述。而在诸著述中，特别值得一读的就是清代乾隆年间著名国手施绍闇所撰的《弈理指归》一书。

施绍闇，字襄夏，号定庵，浙江海宁人。乾隆时，他和范西屏、梁魏今、程兰如并称为“四棋圣”。其《弈理指归》原分十门，各编歌诀，以四言诗的形式写成。该书辞义晦涩深奥难解，后由钱长泽重编，删略玄言，以歌诀的次序为之作图解，分为“起手”、“辨正”、“布局”、“小侵”和“大侵”五组，重新定名为《弈理指归图》。另外，施绍闇晚年又著《弈理指归续篇》，有“制弧”、“空花角”等起手着法和拟二子谱六局图解。这两部围棋著述，堪称为我国围棋理论与棋谱的总结。

(二)楚河汉界

下象棋是我国一项传统的竞技活动，北宋学者程颢曾写过一首《咏象戏》诗曰：

“大都博弈皆戏剧，象戏翻能学用兵。车马尚存周战法，偏裨兼备汉官名。中军八面将军重，河外尖斜步卒轻。却凭纹楸聊自笑，雄如刘项亦闲争。”

在这首诗中，程颢把下象棋描写得如战场上用兵一样，调兵遣将，一兵一卒都格外珍惜。因此，下象棋人有时为棋局中的一招一式都耗竭脑汁，哪怕是一兵一卒之失，也有扼腕之痛。请看明代浮白主人于其《笑林》中所载的一个故事：

“两人下象棋，旁观者往外小恭，再至，两人俱不见矣。遍觅之，乃在门角里夺车。”

象棋磁铁般的魅力使两位对弈者如醉如痴，以至为一车而争夺，“失礼”之至也。当然，非酷爱象棋之人，是难以体会出个中况味的！

在我国古代文献中，有神农氏、黄帝制造象棋的传说，不过，传说终不足信。“象棋”一词，最早源于屈原《招魂》“菎蔽象棋，有六博些”之句。赋中的“菎”，借作“琨”，玉类；“蔽”，下棋筹码。只是其中的“象棋”，是用象牙制成的六博游戏所用的棋子，与现代意义上的象棋不同。春秋战国时，这种游戏在长江流域比较流行。1975 年底至 1976 年春，考古工作者在湖北云梦睡虎地战国末期墓中发掘出了一副棋具。棋盘为木制，长 38.5 厘米，宽 35 厘米。棋盘的正面阴刻规矩纹，用红漆绘 4 个圆点。棋子为骨质，6 颗，皆为长方形，一颗红色，较大，称为“枭”，长 3 厘米，宽 1.4 厘米，高 1.8 厘米；其余 5 颗为黑色，较小，长 2.5 厘米，宽 1.2 厘米，高 1.7 厘米，称为“散”；另外的 6 根“箸”，用小竹管剖成两半片，成弧形断面，长 19.5 厘米。从这副棋具中，我们可以了解到当时楚地六博竞技游戏的一些情况。

到公元 6 世纪时，出现了象棋。在此基础上，唐代又有了进一步的发展。唐丞相牛僧孺曾以象戏为题材写了一篇小说，其中提到了棋子有“象”、“马”、“车”、“卒”等名称，并各有步法。宋代时，棋子中又多了“炮”子。“炮”在象棋中的出现，引发了象棋的改革。考古工作者近年在四川江油县旧彰明县城遗址发掘出两副宋代铜质象棋，与今天的象棋基本一致：“将”二枚，“士”四枚，“象”四枚，“马”四枚，“车”四枚，“炮”四枚，“卒”十枚，双方各有十六枚棋子，共三十二枚。象棋棋子背面有相应的阴刻图案：“将”的背面有一坐姿的将军，“士”的背面为一个军士作奔跑状，“马”的背面是一只站立的马，“车”的背面是一牛拉车，“卒”的背面是一扛着矛的卒。这一象棋正、反两面都可以使用，棋子图文并茂，下象棋时另有一番情景。

「对弈图」

象棋发展到南宋时，已基本定型，且由此出现了变异形式——“三国象戏”。《清稗类钞·艺术》记之曰：

> “桐城光律元布政聪谐家，有三国象戏一器，唯将帅易为魏、蜀、吴，余号悉同。区以红、黑、白三色，凡四十八（即魏、蜀、吴三方棋子的总数量）。棋局斜画，成六角三鱼尾形。其界河成三汉，以示人，皆不晓行法。棋后散失，局亦无存。”

与传统象棋相比，三国象棋的“将”、“帅”换成“魏”、“蜀”、

"吴"；原"楚河汉界"被变为三汉界河；因楚汉之争变为三国之争，所以正方形的象棋棋盘变为"六角三鱼尾形"，成三国鼎立之势。只是会下这种象棋的人少，所以很快就不复流行和存在了。

下象棋有一定的技巧，因此，随着北宋象棋的定型，象棋理论的研究也取得了一定的成就，出现了象棋理论著述，这就是南宋学者、江西人洪迈撰写的《棋经论》：

> "大抵一局之中，千变万化。……顺手炮先要车活，列手炮补士要牢，士角炮急使车冲，当头炮，车横将路，破象局中心进卒，解马局车炮先行，巡河车赶子有功，归心炮破象得法，辕轳炮抵敌最妙，重叠车兑子便宜。马飞过角，车便巡河。未得路莫离本位，已得势便可争先。鸳鸯马内顾保塞，骑河炮两岸拦车，骑河车禁子有力，两肋车助卒过河，正补士等他车路，背立将忌炮来攻。……士象全可求和，士象亏兑他车卒。……得先时切忌着忙，输车时还叫心定。子力猛局中寻胜，子力宽即便求和。"

楚汉遗风令今江苏徐淮盐连一带人民受益匪浅，这里的象棋爱好者之众和象棋赛之风行，举国有名。用九根直线和十根横线组成的棋盘，中间划定"楚河汉界"，二人对局，如临战场，一旦开战，双方剑拔弩张，开启才智，运筹谋划，调兵部将，攻守进退，各有招法。当地百姓陶醉其间，出现了一些有名的象棋村和象棋高手。"棋村"即其一。

"棋村"用"棋"作村名，由此可知其棋艺水平的高低上下。"棋村"原叫"祁村"，位于江苏省邳州市西北部。全村数千人口中，包括上至年迈老人、下至几岁孩童在内的90%以上村民都会下棋。祁村人爱下象棋有较长的历史。据说清代有一个富商，名为刘敬修，他以其高超的棋术在苏北小有名气。他听说祁村人象棋下得不错，颇不服气。自恃棋艺高超，到祁村去摆象棋擂台赛，声称谁能连续胜他三局，自己愿将身上所穿的名贵裘衣当场脱下奉送。前两天，祁村有十几位年轻的棋手出战，均败下阵来，刘敬修更加猖狂。第三天，老将娄风祺披挂上阵。两人交战，真是棋逢对手，将遇良才。两人连战两局，整整战了六天六夜。刘敬修连连败北，输得口服心服，无比羞愧地说："祁村祁村，名不虚传。"刘敬修从此把家搬到祁村，拜老将为师，相互间切磋技艺，共同培养接班人，代代相传，祁村的棋风更加发扬光大。

今天，棋村建有1000余平方米的象棋楼，办起农民业务象棋培训班，定期举行比赛活动，让更多的人在“楚河汉界”间领略象棋的无限魅力。在各类比赛中，男女老幼，踊跃参加，农闲或劳动间隙，在这里还常见夫妻对弈、祖孙交战的幕幕动人场面。棋村的年轻人还立下了一条规矩：村里的男女棋手定婚，以象棋、棋盘取代彩礼，真挚的棋情显示了棋村青年男女的高尚情怀。

棋村人以棋会友、以棋斗智，发扬光大了象棋的作风，陶冶了情操，促进了精神文明建设，使棋村成为社会主义文明新村。

赛技艺百端

（一）金陵击壤

“击壤”又称“击棒壤”、“抛堉”，是我国民间传统的投掷类娱乐活动，同时也是谢土报社的民俗活动。

我国关于击壤活动的记载，较早见诸东汉王充《论衡·艺增篇》：

> “传曰：有年五十击壤于路者，观者曰：‘大哉！尧德乎！’击壤者曰：‘吾日出而作，日入而息，凿井而饮，耕田而食，尧何等力？’”

这一传说中的“年五十击壤于路者”，在以魏晋《逸士传》中摇身一变为“壤父五十人”，而且击壤于“康衢”：

> “尧时，有壤父五十人击壤于康衢。或有观者曰：‘大哉！尧之为君！’壤父作色曰：‘吾日出而作，日入而息，凿井而饮，耕田而食，帝何力于我哉？”

两段记载是说帝尧时代，老者在路上做击壤游戏，观者叹之，称如果没有尧的恩德，哪有这般闲情来击壤？老者则不以为然，说我每天日出而作、日落而息，自凿井而饮、自耕地而食，农闲之际玩点击壤，与尧有何干系？从击壤所在“康衢”、观者将击壤活动与尧帝大德相联系等可以推测：这一所谓的“击壤”，具有“击壤而歌”的含义，意喻太平盛世，民间富足。与后世“击壤”的游娱性质有所不同。当然，后来的“击壤”应该由此演变而来。

所谓“击壤”，最初应该是投击土块之类的游戏，后来才改用木质，“壤”有长、短，各一根。古代的“壤”比较宽，呈鞋状，而明清以后则以棒状为流行。《太平御览》卷755“击壤”引邯郸淳《艺经》云：

> “击壤，古戏也。……壤，以木为之，前广后锐，长尺四，阔三寸，其形如履。将戏，先侧一壤于地，遥于三四十步，以手中壤敲之，中者为上。”

先秦民间击壤活动如何，具体难知，但东汉时应该十分流行。东汉刘熙《释名》曾对“击壤”做过阐释，说它是“野老之戏”；《论衡·刺孟篇》有“夫毁瓦画墁，犹比童子击壤于涂，何以异哉”等文。此后的历史时期，击壤活动一方面开展得较为普遍，如三国曹植《名都篇》中，就把“连翩击鞠壤”同“斗鸡东郊道，走马长楸间”等民间常见娱乐活动相提并论；另一方面，所用之“壤”也从泥块发展为木制品，上文《太平御览》引三国魏邯郸淳的《艺经》文字即可印证这一点。

明清以后，击壤风行依旧。如据周亮工《书影》引《秣陵童谣》：“杨柳青，放风筝；杨柳黄，击棒壤。”可见，在明代南京地区，击壤同春季放风筝一样，是秋季即“杨柳黄”时节不可或缺的活动。即使是20世纪50年代，击壤也是南京小朋友们热衷的一种活动。由于活动时短棒被击中后似飞梭穿过，所以“击壤”又有“打梭”之名。梭棒多用树棍制成，一长一短，长棒约1—1.2尺，短棒则在0.5尺左右。二人或多人不限，场地多

「击壤图」

在街巷空地或广场。进行的方法是：先在地上掘一个细长地槽，把短棒放在上面，一人用长棒使劲将它远远地挑出去，另一人站在三四十步外，设法用手接住飞来的“短梭”，或者在梭棒落点处将它掷回地槽内，如果能掷入，则获胜；否则，活动继续由第一人进行。其中有横抽、上打（天梭）、下击（地梭）、上下连击（天地梭）等，并从短棒落点处用长棒量数到地槽口。打梭一下为“斗一”，打两下为“斗二”，打三下为“斗三”。“斗一”的量数法是一、二、三，单数递增计数；“斗二”则用“一五、一十、十五、二十”的伍进制计数；“斗三”取十进位，“一十、二十”地计数。胜负由参加活动者最后的计数多少来制定。

击壤活动与传统中国的农业经济形态有关。中国是一个农业社会，土地及其收成，与社会稳定、发展休戚相关。为祈求、报答土地神的恩赐，古人将立春后的第五个戊日（通常在春分前后）称作“春社”、把立秋后的第五个戊日称为“秋社”，专门举行祭祀土地神的活动，即春祈秋报。《风俗通义·祀典》云：

> “社者，土地之主。土地广博，不可遍敬，故封土以为社而祀之，报功也。”

《论衡》与《逸士传》中壤父击壤、观者将之归功于尧德的传说记载，虽未直接说及亲土祭神之事，但其歌与农事兴作饮食有关，且与击壤动作相配合。因此，是对土地神的祝颂。

有学者以南京击壤为例指出，南京儿童打梭活动，是一种变相的亲土祈社行为，以“斗一”、“斗二”、“斗三”的量数来表达万担归仓的谢土报社的喜悦。也就是说，谢社的俗信活动所具有欢怡气氛决定了由乐神向娱人的转化，形成了季节性的游戏。传统的信仰与精神寄托，在历史长河的漫流中被逐渐涤荡而淡化，并最终消失。

（二）异彩纷呈的民族武术

中华武术以其源远流长、博大精深而享誉世界，素有“国术”、“武学”之称。绚烂多彩的中华武术是由中华大地境内各民族共同创造的，在长江流域，除汉族武术，其他少数民族的武术以其内容丰富、技法精湛而流播遐迩，成为中华武术大花园里朵朵璀璨奇葩。下面着重介绍藏羌武术、傣族泼水节上的武术、景颇族总戈节上的舞刀和苗族的武技——“舞吉得”等几项内容。

远在秦汉时期，世世代代居住在青藏高原的羌族，就创造了自己独特的武术——羌术。盛唐时期，吐蕃贤王松赞干布礼聘唐朝的文成公主进藏，随行人员中除各种工匠之外，还有大批武士。藏族同胞一方面汲取羌术的优点，融合了中原武术特长，并把藏族粗犷的拳路与节庆、礼佛民俗相结合，从而形成了独具特色的藏族武术。

藏语称武术为“拳巴”，亦做“则娄”。外练、内功结合，内外兼修。藏文经典《柔乃纳窝》记述了“美功巴”、“隆功巴”等功法，前者练火功，赤身裸体，炼丹田之气；后者为吐纳术，坐蒲团，吟佛经，裸体跳跃，足踢拳击，直至大汗淋漓，方毕其功。

每年藏历七、八月间举行的望果节，是藏族预祝农作丰稔的盛大节日，具有悠久的历史。敬神完毕即举行武术表演，项目以角力、斗剑、耍梭镖等为主，得胜者获赠哈达、绸缎。据西藏志书记载，藏历正月十五日的宗教仪式后，也要进行武术表演。这些活动，促进了藏族武术的发展，以此为基础，西藏曾出现过许多以使用藏刀、弓箭、弹石、索镖等器械为长的保镖从业者——“勾松巴”。

泼水节为傣族的新年佳节，是极其隆重、盛大的节庆。每逢佳节，青年男女总要一展武技。在高低舒缓的音乐节奏中，表演者和应快慢不同的攻防动作，颇有律动美，极具艺术性。

傣族武术种类繁多，各地区亦不尽相同，除孔雀拳外，尚有鸡拳、扫地拳、洪拳、花拳、大刀术、双刀术、棍术等。其中不少套路，直接源自傣族民众的生产和生活。

据说古代一对习武的傣族夫妻，彼此武艺难分伯仲，二人常比试武术，总是难分难解，雌雄难辨。一天，丈夫旁观妻子纺线，从棉团抽丝、纺车轴转现象中悟出了攻防布局之道，并将之融入拳法，终于战赢了妻子；其妻一天进入树林，看到大象相斗，象鼻、长牙交替作用，从中感悟出刚柔

「傣族武术」

相济之法，并将之有机融入武术，在和丈夫的比试中又占尽了优势。丈夫不甘心，处处留心，从小猪尾巴绕“8”字的摆动中，感悟到调整身法之术，又击败了妻子；略占下风的妻子潜心默识，以风吹柳林、雨打芭蕉、翠竹临风为法，练就了一套轻灵自如的身法，终于战胜了丈夫。

每年正月十五日举行的总戈节，是景颇族最盛大的节日。而舞刀则是总戈节不可或缺的表演。据说其产生，与纪念景颇族创世英雄宁贯娃的父母有关。在创世纪时代，宁贯娃的父母临终前对他说：“我俩死后，你要举行‘木脑’（总戈）送魂仪式，这样我们就能变成大地，你就能繁衍人类。”宁贯娃知道，只有太阳国才有“总戈”乐舞，但怎样才能登上高高的太阳国呢？宁贯娃翻越喜马拉雅山之巅，跋万座高山，涉千重险水，历尽辛苦。一天，疲困的宁贯娃在一棵大树下休息，遇到了从太阳国参加“总戈”盛会后返回的百鸟。它们驻足大树，情不自禁地跳起了刚刚学会的歌舞。宁贯娃细心观摩，默识揣摹，终于学会了“总戈”之舞，并在喜马拉雅山下举行了总戈盛会。他在会场中央的“木脑”柱上刻下“总戈”舞谱，并手舞双刀开路。从此，景颇族留下了亦舞亦武的总戈盛会。

每年的总戈盛会上，广场中央高树木桩，象征性地画上一些图案，中间交插着两把景颇族特有的雪亮钢刀。鼓、笙伴奏声中，总舞人头插孔雀羽毛，手持礼刀，跳进场中，随后是许多衣衫光鲜、手执礼刀的男子，而列队相配的则是挂满头饰的盛装女子，婀娜舞姿与刚健刀舞交相映衬。最后入场的一队舞者，手握单刀、双刀，表演快疾如风的刀术，持刀、括刀、躬身抹刀、抑身举刀、左右挑花，刀光凛凛，刀风飕飕，舞刀者和着节奏呼喊，脚步变化多端。

苗族的武功，在东部苗语方言中叫“舞吉保”。舞吉保内涵丰富，攻防不乏绝招，其武功的形式、内容、技巧等，无不具有地方民族特点。

苗家武功动作手法、桩法、步法及套路等，多以苗语命名。具体如

“打叫挖包米”（猴子掰包谷）、“巴毕苗”（鲫鱼）、“果拉淄多”（古藤缠树）、“苟动哀尤”（蚩尤拳）等。其命名多取自苗族人民生活、生产活动中形意相似的动作名称。即便有些名称过去已翻译成汉语，但苗语简朴、粗犷风格等特征仍清晰可见，如“四门”、“大四门”、“小四门”、“闭四门”、“藏山桩”、“乜妹敬酒”等。当然，苗家拳术名称中也有一小部分是借用汉族拳术命名的，只是其实际动作与汉族拳术的动作未必符合。

苗族武功在技击手法上以防为主，但防中有攻。苗族武功有“三十六攻，七十二防”之说，还有“二防一进三变五合”的技巧。其防多于攻，先防后攻，防中有攻。不过，从其手法技巧中仍可以看出苗族人民机智灵活、坚韧顽强的特点。

苗族拳师收徒弟时，还有“三教三不教，三打三不打”的教门戒律。“三教三不教”，就是脾气好的教，否则不教；诚朴本分老实者教，游手好闲、不务正业者不教；讲礼节重义气者教，六亲不认的亡命之徒不教。所谓“三打三不打”，即在生死关头，对首犯我者必打，对无意伤害我者不打；对欺侮我族者必打，对被我击败而向我求饶者不打；对肇事之首恶者必打，对胁迫无辜者不打。这些戒律，无不反映了苗族人民安身立命的心理特征。

在功力上，苗族武功讲究粘功，滑手、滚手、点穴道和反关节等手法较多。苗拳练功，注重内功操练，善使粘连手法，如拳之“靠手”，棍之“罩手”、“揽手”等等。苗族拳师使棍，不完全靠握力持棍，而是用粘法使棍活动自如。另外，苗族武功也注重桩法，动作严密，拳型紧凑，活动范围较小，是苗族百姓长期生活在高山深谷地理环境下的结晶。苗族武功善用“七”字步，又名“赶步”，进退大都踩“品”字形，套路多以“四门”为主。这也与苗区地势崎岖、道路坎坷相关。因而历史时期苗区的格斗、械斗，大都是短兵相接，因而其拳法结构必须紧凑，桩步必须稳当，动作必须严密。

总之，苗族武功拳型古老，兵器原始，运用干练，气势刚烈，是其生产、生活环境和悠久历史、民族群体性格等诸多因素共同作用的产物。

主要参考文献

[1] 岑家梧.图腾艺术史.上海:学林出版社,1986.
[2] 常璩撰.刘琳校注.华阳国志校注.四川:巴蜀书社,1984.
[3] 陈大兴.岳阳楼诗词选.湖南:湖南人民出版社,1981.
[4] 陈贻锨.王维诗选.北京:人民文学出版社,1959.
[5] 褚人获.坚瓠集.杭州:浙江人民出版社,1986.
[6] 丁剑,等.江淮热土的民俗与旅游.北京:旅游教育出版社,1996.
[7] 高承撰.李果订.金圆等点校.事物纪原.北京:中华书局,1989.
[8] 葛洪,周天游校注.西京杂记.西安:三秦出版社,2006.
[9] 顾禄,王文修,等注释.清嘉录.北京:中国商业出版社,1989.
[10] 国家教委基础教育司.世界之瑰宝　民族之骄傲.北京:人民教育出版社,1991.
[11] 郭泮溪.中国民间游戏与竞技.上海:上海三联书店,1996.
[12] 韩兆琦.中国古代文学名著·人物形象辞典.郑州:中州古籍出版社,2000.
[13] 韩致中.新荆楚岁时记.上海:上海文艺出版社,2001.
[14] 胡朴安.中华全国风俗志.上海书店,1986.
[15] 湖南人民广播电台等.三湘胜地游.湖南:湖南美术出版社,1981.
[16] 黄朝英,吴企明点校.靖康缃素杂记.上海:上海古籍出版社,1986.
[17] 孔范今.全唐五代词释注(上册).西安:陕西人民出版社,1998.
[18] 李斗.汪北平,等点校.扬州画舫录.北京:中华书局,1980.
[19] 李昉,等.太平广记.北京:中华书局,1981 年影印本.
[20] 李昉,等.太平御览.北京:中华书局,1959 年影印本.
[21] 李惠芳.民间文学的艺术美.武汉:武汉大学出版社,1986.
[22] 李匡乂(李匡文).资暇集.北京:中华书局,1985.
[23] 李石.续博物志.北京:中华书局,1985.
[24] 李竹青.中国少数民族节日与传说.北京:旅游教育出版社,1985.
[25] 廖东凡.雪域西藏风情录.北京:北京燕山出版社,1991.
[26] 林慧如.明代轶闻.上海:中华书局 1919.
[27] 林忠亮,等.巴山蜀水的民俗与旅游.北京:旅游教育出版社,1996.
[28] 刘克宗,等.江南风俗.南京:江苏人民出版社,1991.

[29] 刘守华.口头文学与民间文化.北京:中国文联出版公司,1989.

[30] 刘筱蓉,等.赣江流域的民俗与旅游.北京:旅游教育出版社,1996.

[31] 鲁迅.朝花夕拾·二十四孝图.鲁迅全集(第2卷).北京:人民文学出版社,1959.

[32] 陆鉴三.西湖笔丛. 杭州:浙江人民出版社,1981.

[33] 罗福惠,等.杨东莼学术论著选.武汉:华中师范大学出版社,1997.

[34] 孟元老撰.伊永文笺注.东京梦华录笺注.北京:中华书局,2006.

[35] 潘宗鼎.金陵岁时记.南京:南京出版社,2006.

[36] 彭定求,等.全唐诗.北京:中华书局,1960.

[37] 欧阳询.艺文类聚.中华书局上海编辑所,1965.

[38] 任昉.述异记.北京:中华书局,1985.

[39] 阮元校刻.十三经注疏.北京:中华书局 1980 年影印本。

[40] 陕西、甘肃、宁夏、青海、新疆五省区旅游局宣传处.丝绸之路旅游指南.西安:陕西旅游出版社,1987.

[41] 沈德潜,等.清诗别裁集.石家庄:河北人民出版社,1997.

[42] 宋德胤.孕趣——生育习俗探微.北京:中国青年出版社,1992.

[43] 孙民.古代风俗诗画.沈阳:辽宁美术出版社,1992.

[44] 孙旭军,等.四川民俗大观.成都:四川人民出版社,1981.

[45] 孙之龙.世界屋脊的民俗与旅游.北京:旅游教育出版社,1995.

[46] 谭麟.荆梦岁时记译注.武汉:湖北人民出版社,1985.

[47] 陶思炎.风俗探幽.南京:东南大学出版社,1995.

[48] 田汝成.西湖游览志.杭州:浙江人民出版社,1980.

[49] 王嘉撰.齐治平校注.拾遗记校注.北京:中华书局,1981.

[50] 王建.王建诗集.北京:中华书局,1959.

[51] 王开友.巴蜀民族风情.成都:四川民族出版社,1993.

[52] 王溥.唐会要.北京:中华书局 1955.

[53] 王仁裕,等.开元天宝遗事十种(丁如明辑校).上海:上海古籍出版社,1985.

[54] 王三聘.古今事物考.上海书店,1987.

[55] 王有光.吴下谚联.北京:中华书局,1982.

[56] 王远国.中华传统节日诗赏析.武汉:华中理工大学出版社,1996.

[57] 温广义.历代诗人咏屈原.呼和浩特:内蒙古人民出版社,1982.

[58] 乌丙安.中国民间信仰.上海:上海人民出版社,1996.

[59] 巫端书.芙蓉国里的民俗与旅游.北京:旅游教育出版社,1996.

[60] 吴从众.西藏境内的门巴族、珞巴族和回族.北京:中国藏学出版社,1989.

图书在版编目（CIP）数据

游艺竞技 / 陈业新编著．—武汉：长江出版社，2019.6（2023.1 重印）
（长江文明之旅丛书．民俗风情篇）
ISBN 978-7-5492-6513-8

Ⅰ．①游…　Ⅱ．①陈…　Ⅲ．①长江流域—文娱活动—介绍　Ⅳ．①G249.275

中国版本图书馆 CIP 数据核字（2019）第 105266 号

项目统筹：张　树
责任编辑：王秀忠　　苏密娅
封面设计：刘斯佳

游艺竞技
刘玉堂　王玉德　总主编　陈业新　编著
出版发行：上海科学技术文献出版社
地　　址：上海市长乐路 746 号　200040
出版发行：长江出版社
地　　址：武汉市解放大道 1863 号　430010
经　　销：各地新华书店
印　　刷：中印南方印刷有限公司
规　　格：710mm×1000mm　1/16
印　　张：10.25
字　　数：140 千字
版　　次：2019 年 6 月第 1 版　2023 年 1 月第 2 次印刷
书　　号：ISBN 978-7-5492-6513-8
定　　价：39.80 元